Famed Personages in
World War II

第二次世界大战
风云人物

陈渠兰 编著

在这场人类有史以来规模最大、伤亡最惨重、破坏性最强的全球性战争中，
他们，或是战争的发动者，或是终结者。
他们中有的人会流芳百世，有的人却只能遗臭万年。
翻开他们的故事，可以学习，可以领悟，也可以反思……
因为，世界，需要的永远是和平！

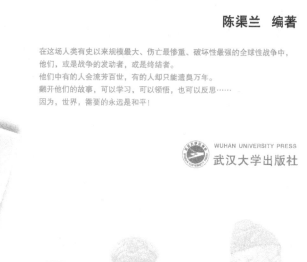

WUHAN UNIVERSITY PRESS
武汉大学出版社

图书在版编目(CIP)数据

第二次世界大战风云人物/陈渠兰编著.—武汉:武汉大学出版社,
2014.5(2016.2重印)
ISBN 978-7-307-12837-8

Ⅰ.第…　Ⅱ.陈…　Ⅲ.第二次世界大战—历史人物—生平事迹
Ⅳ.K815.2

中国版本图书馆 CIP 数据核字(2014)第 032386 号

原著作名:《二次世界大战风云人物》
原出版社:驿站文化事业有限公司
作　　者:陈渠兰
中文简体字版ⓒ 2014 年,由武汉大学出版社出版。
本书经由厦门凌零图书策划有限公司代理,经驿站文化事业有限公司正式授权,
同意武汉大学出版社出版中文简体字版本。非经书面同意,不得以任何形式任意
重制、转载。

责任编辑:聂勇军　　责任校对:鄢春梅　　版式设计:马　佳

出版发行:武汉大学出版社　　(430072　武昌　珞珈山)
　　　　　(电子邮箱:cbs22@whu.edu.cn　网址:www.wdp.com.cn)
印刷:武汉中科兴业印务有限公司
开本:720×1000　1/16　印张:11.75　字数:155 千字
版次:2014 年 5 月第 1 版　　2016 年 2 月第 2 次印刷
ISBN 978-7-307-12837-8　　定价:25.00 元

前言

有这样一首关于战争的诗歌："飘溅的血液，嘶哑的呼喊，钢铁和肉体的碰撞，生命与死神的舞蹈，这就是战争，这就是战场，没有丝毫的犹豫，没有丝毫的退让，每一秒都有生命在流逝，回归天地的怀抱，这是一场没有胜者的竞技，只有黑色的大地见证曾经的惨烈……"

诚如诗歌所描述的一样，战争意味着惨烈，战争意味着残酷，战争意味着破坏，战争意味着生离死别，战争意味着胜者为王、败者为寇！可是，尽管战争带来的是摧毁，尽管战争带来的是永别，我们却不得不承认，自从有了战争，它就始终如一道黑色的幽灵，与几千年的人类文明史相伴相随。

今天，只要提及战争，我们就无法忽略半个多世纪以前的第二次世界大战。爆发于公元一九三九年的第二次世界大战，是迄今为止人类社会所进行的规模最大、伤亡最惨重、造成破坏最大的全球性战争。战争所带来的血腥杀戮，所造成的巨大

前言

破坏，长久地渗透在战后人类的社会生活的各个方面。

时光流逝，往日的硝烟早已散尽，战争的废墟也被岁月改变了模样。然而，有句话说得好：忘记过去就意味着背叛。害怕悲剧重演的人们，依然会时常提及并研究半个多世纪前的世界大战。研究战争，就会研究战役，研究战略，当然，更不能脱离战争的实践者——人类。

人上一百，形形色色。有的人喜欢平平淡淡，有的人渴望建功立业，有的人厌恶战争，有的人却似乎是为战争而生。第二次世界大战，夺去了五千万人的生命；第二次世界大战，使地球文明倒退了几十年；但是，第二次世界大战，也成就了这样的一些人，他们，无论立场是邪恶的，如战争狂人希特勒；还是立场是正义的，如轮椅上的巨人罗斯福。他们无论是出身名门，如美国西点军校校长麦克阿瑟；还是起于微末，如苏联红军元帅朱可夫……他们有着自己的个性，他们的结局各不相同，他们的命运却有着一些相同之处——他们因战争而生，他们因战争而扬名，他们因战争而叱咤风云，毫不夸张地说，他们，左右了战争，战争因为他们而改变！

本书将为我们讲述第二次世界大战中那些璀璨的将星，他们有的会流芳百世，有的却只能遗臭万年。我们翻开他们的故事，可以学习，可以领悟，也可以反思。因为，今天的我们，需要的永远不会是战争！

目录

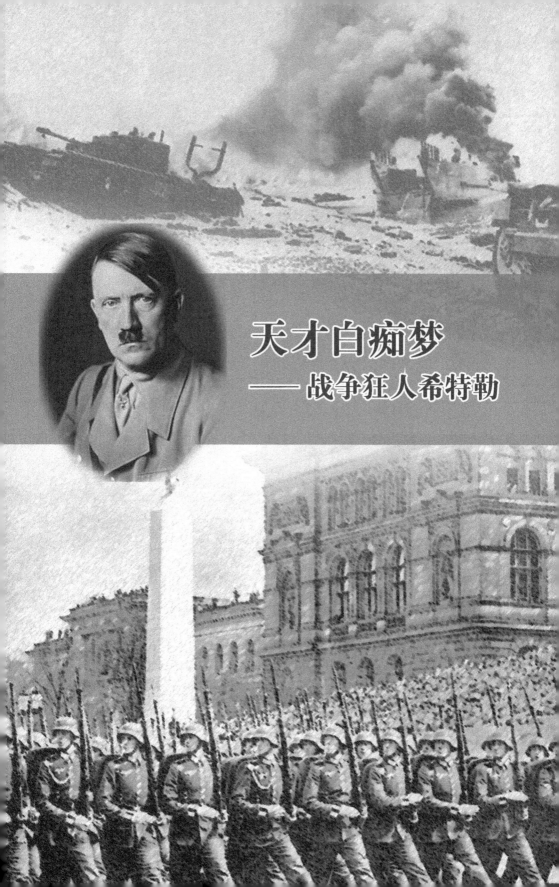

天才白痴梦

——战争狂人希特勒

　　历史上可能有很多这样的人，他们长相普通，没有仪表堂堂、引人注目的外貌；他们出身平凡，没有什么可以倚仗的家世；他们甚至没有什么出众的本领。可是，他们却似乎是命运的宠儿，他们是成功者，站在了金字塔顶端。然而，时光飞逝，这些人上人也被湮没在历史的浩瀚烟海中，他们死后的托身之处也化作了荒野。不过，有这样一个人，是现在，或将来，或将来的将来，人类永远无法忘记的人。这样一个人同样相貌平平，同样出身平凡，他并没有什么惊人的本领，却成了一国之首。然而，他之所以被人牢记，不是因为他有多么厉害，不是因为他为自己的国家做出了多大的贡献，也不是因为他有多么的伟大，而是因为他是一个充满扩张与集权理念的政治狂人，他是人类历史上最大的战争魔王，他曾经将地球上无数的人类卷进战争深渊，他仿佛就是地狱来客，这个如此恐怖而疯狂的人究竟是谁呢？

　　他就是第二次世界大战时期德国元首、战争狂人——希特勒。

　　希特勒，一个普通家庭出身的孩子，长相一般，身材瘦削。他曾经梦想做个画家，于是只身前往维也纳，却未能如愿，过得穷困潦倒。他参加过两次世界大战，与和他同时代战功卓著的名将巴顿等人相比，第一次世界大战中的希特勒，实在没有什么傲人的成绩。在第一次世界大战中，希特勒没有立下什么战功，他不过是一个下等传令兵。这个不起眼的人，这个曾经的流浪汉，竟然梦想着能建立起如腓特烈大帝所希望建立的神圣罗马帝国。同样也是这个人，竟然在战后不到二十年的时间里，建立起德意志第三帝国，他驱使德意志民族走向战争，他发动的战争使四千万生灵涂炭，他最终被自己导演的战争所埋葬。希特勒执政的时期，至今仍然被德国人认为是德国历史上最黑暗的时期。

希特勒究竟是怎样一个人？他为何如此热衷于战争？他有什么样的能力，能让整个国家陷入由他所编造的日耳曼民族的童话中，并甘心为他所驱使呢？

希特勒的家族与童年

世界上永远不可能有两片完全相同的树叶，人类也如此，每个人都有着不同的相貌，不同的脾气，不同的经历，不同的命运。但是，谁也无法否定，每个人都有自己的童年，不管这种童年是幸福的，平淡的，还是悲惨的。

被称为战争魔头的希特勒，同样有着自己的童年。他出生在一个毫不起眼的中下等家庭，但他的家庭却又有着几分特殊性。

在多瑙河和波希米亚、摩拉维亚边界之间，有一个叫做瓦尔德维尔特尔迪的地方，这里有着连绵起伏的丘陵，茂密的森林，不少农家村庄和小块农田错落其间。瓦尔德维尔特尔迪与维也纳虽然只有五十英里左右的距离，却是与美丽繁华无缘的穷乡僻壤。可能正是因为这个原因，这里的居民过着一种保守执拗的生活。希特勒一家世世代代都生活在这里，但其家族，却是这个地方的另类。

希特勒的祖父约翰·希特勒是一个打零工的磨坊工人，终日在各个村庄走村串户，寻找一些工作，聊以谋生。约翰在公元一八二四年曾经与一个贫寒人家的小姐成亲，但结婚不到一年，妻子就去世，从此，约翰·希特勒过起了鳏夫生活。十八年后，老约翰又娶了一位四十七岁的农妇玛丽亚·安娜。玛丽亚·安娜的私生活很不检点，在与老约翰结婚前五年，她就生了一个私生子，名叫阿洛伊斯，这就是希特勒的父亲。

在阿洛伊斯还很小的时候，玛丽亚·安娜就已经去世了，老约翰又常年在外，因此，阿洛伊斯是由他的叔父抚养大的。长大以后，阿洛伊斯先在希皮塔耳村学做鞋匠，但是，他没有定性，喜欢游荡，所以过了没多久，他就到奥地利首都维也纳去了。在十八岁的时候，阿洛伊斯在萨尔斯堡附近，做了奥地利海关的一名边境警察，在二十七岁的时候，他被提升为海关小职员。当时，他娶了一位海关官员的过继女儿为妻，夫人带给他一份小嫁妆，他的社会地位也随着这次婚姻有了提升。

与约翰一样，阿洛伊斯的婚姻也没能维持一生。他的结发妻子在公元一八八三年去世。妻子去世一个月后，他就与一位叫做弗朗西丝卡的厨娘结婚。第二次婚姻维持不到一年，弗朗西丝卡就因肺病去世。在第二位夫人去世六个月后，他就与自己的外甥女结婚了。新娘不是别人，正是抚养他成人的亲叔父的外孙女克拉拉·波尔兹尔。克拉拉年方二十五岁，比她的舅舅丈夫年轻二十三岁。舅舅和外甥女结婚，这不仅在东方被认为是有悖伦理的，就是在男女社交开放的西方也是少见的。从这一方面来说，希特勒的父亲确实有着与众不同的"勇气"。希特勒的家族存在乱伦的关系，使得他们和周围的人们格格不入。这也许是童年的希特勒没有玩伴的重要原因。因为，保守的人们总会教育自己的孩子，不要和希特勒家的小孩玩，他们道德沦丧，他们是怪物！

克拉拉是位典型的贤妻良母，她勤劳善良，信仰宗教，她把全部的精力都花在了孩子们的身上。对比她大二十三岁的丈夫，她也体贴入微，逆来顺受。公元一八八九年四月二十日，在奥地利莱茵河畔，希特勒出生了，母亲克拉拉非常喜欢他。然而，他的父亲在家中专制蛮横，不容许家庭中有一点点的不顺服。公元一八九五年，父亲退休养老。他很难适应这种退休生活，为了消解烦闷，他开始酗酒，日子一长，他的脾气就变得十分暴躁，经常为一些微不足道之事对孩子们拳打脚踢，甚至还用马鞭乱抽孩子。家庭的暴力，使得希特勒十四岁的异母哥哥小阿洛伊斯被逼离家出走，于是幼小的希特勒就接替哥哥，成了父亲的"出气筒"。可想而知，希特勒和残暴的父亲之间充满了冲突。

希特勒的父亲经常把家搬来搬去，童年的希特勒也不得不频繁地更换学校。希特勒到了十五岁的时候，已经搬过七次家，换了五个学校。过于频繁地更换学校，使他根本无法与同学建立起友谊，这对于一个处于成长期的孩子来说，绝不是件好事，希特勒的性格变得越来越孤僻，越来越冷酷。

少年的梦想与生活

希特勒天资还算聪颖，也很用功，公元一九〇〇年，他小学毕业，成绩令人满意，于是被父亲送到林茨去上中学。

希特勒在《我的奋斗》中曾描述说，他童年时期的梦想是成为一位艺术家。在年幼的希特勒看来，当一位画家，就可以背个画架到处画画赚钱，时间是由自己支配的。其实从这一点来看，希特勒的性格中从小就有不受约束也不想受人约束的一面。不过，希特勒的父亲把儿子的梦想看成为做白日梦。

那时的艺术家，可没有现在的艺术家们那么风光的生活，在成名之前，他们或者过着窘迫的生活，或者不得不依附权贵。父亲希望希特勒能够老老实实地继承自己的衣钵，当一个比上不足、比下有余的公务员。他强迫儿子进了普通中学，而这正是儿子最不想做的事。父亲的专横、对自己前途的野蛮干涉，彻底引发了希特勒与父亲的冲突。可是，瘦弱的少年又怎会是粗暴强壮的父亲的对手呢？希特勒最后还是依从父亲的意愿，进入了林茨中学。

如同所有的学生一样，此时的希特勒进入了叛逆期，从此以后，希特勒不再好好念书了。小学成绩十分优秀的希特勒，在中学的表现却是一团糟，他甚至没有能够在林茨中学得到证书。父亲不得不让他转学到希太尔州立中学，即使是在那里，他也没能待到毕业就离开了。而他的中学老师曾经这样评价过少年希特勒，他说，希特勒肯定是有某些天赋的，但是，毫无疑问，他有着很多的缺点，例如缺乏自制力，说得不客气一点——刚愎自用，脾气暴躁，自以为是，不遵守课堂纪律。我们可以想象，此时希特勒的独裁暴戾性格已经渐渐形成了。

希特勒虽然是心不甘情不愿地进入林茨中学读书的，但是，这个学校的一位老师却对他有着很大的影响。在林茨中学，有一位历史老师里奥波德·波希，他是一名狂热的民族主义者，他在课堂上热情洋溢、充满激情、富于煽动性的语言，正符合了叛逆期的希特勒的口味。在历史课中，希特勒听得非常认真，他专心地记笔记，私底下，他阅读了很多关于战争的书籍。此时的希特勒虽然仍然对艺术充满了向往，但对战争的偏执，已经慢慢地植入了他的灵魂。希特勒在《我的奋斗》中写道："即使在今天，一想到这位白发老人，我还怀有友善的感情。他讲课时所带的炽烈感情，有时竟使我们忘却了现在。他好像具有魔力，将我们带回到古老的年代。他用数千年迷茫的历史面纱，结成牢固的历史事实，灌进活生生的现实。每当出现这些时刻，我们端坐在那里，常常热血沸腾，有时甚至感动得流泪。"

到了公元一九〇三年，希特勒的家庭发生了重要的变故。他的父亲，家中的支柱——阿洛伊斯·希特勒因肺出血去世。希特勒的家庭经济情况开始变得每况愈下。

一九〇四年秋，十五岁的希特勒在母亲苦口婆心的劝导之下，经过一番补考，初中才得以毕业，遂转到希太尔的州立中学上高中。不过，希特勒的早年人生还是相当坎坷的。尽管进入了高中，希特勒的学业也并不顺利，在他快满十六岁的时候，他生了一场严重的肺病，无法继续上学，母亲只好让他退学。

在家休养的时候，希特勒过起了被他在传记中称之为"好像梦幻一般"、"一生中最快活"的日子。在此后两年半的光景里，希特勒一面在多瑙河畔逍遥闲荡，继续做着艺术家的美梦；另一方面，他也涉猎大量的书籍、艺术作品、歌剧等。不过，在这两年半的时间中，希特勒的人生渐渐发生了转变。尽管他仍是个十几岁的少年，却已经非常热衷于政治，成为一个狂热的德国民族主义者。父亲的逝世，使他成为家中唯一的男子汉，他在家庭中，已经有着越来越大的主导地位。

美丽的维也纳，落魄的生活

从童年开始，希特勒就一直渴望成为一位艺术家，距离他并不远的维也纳，就是他心目中的艺术天堂。一九〇六年，刚过完十七岁生日的希特勒，带着母亲和亲戚们给他的钱，前往早就向往的维也纳，他在那里逗留了两个月的时间。

维也纳城中，到处都是金碧辉煌的巴洛克式建筑，各种各样的博物馆、歌剧院、剧场星罗密布。浓厚的艺术氛围使得希特勒如醉如痴、流连忘返。希特勒坚定地认为，自己若想在艺术上有所建树的话，就必须在维也纳求学。于是，希特勒回到家中以后，千方百计地劝说母亲，希望她同意自己到维也纳的艺术学院去读书。

一九〇七年夏，母亲同意希特勒从父亲的遗产中拿出七百克朗。这笔钱，可以维持他在维也纳一年的生活。希特勒带着这笔小小的财富，踌躇满志地赶往维也纳，参加当地艺术学院的入学考试。考试结果对希特勒和此后的千万人民来说，都是"不幸"的。希特勒满怀憧憬地参加考试，却名落孙山。校方认为，希特勒的天赋是在建筑方面，可是，建筑系要求很严格，必须是念完整个六年制中学并具有毕业证书的人才有就读的资格。而把时间用于反抗父亲的希特勒，只有一张四年制的中学证书。

这件事情给希特勒沉重的打击。如果希特勒能够顺利进入学院学习艺术，又或者建筑系的要求没有那么严格，那么，历史或许是另外一番模样，今天的世界或许大不相同。可是，没有那么多假设，没有那么多的如果，希特勒被维也纳的艺术学院拒之门外。当年的十月底，希特勒接到消息，他那身患乳腺癌的母亲已经奄奄一息。于是，他返回林茨，想要陪伴母亲。儿子的归来，让克拉拉的病情似乎有了好转。不过，这只是大家一厢情愿的想法，在十二月二十一日，他的母亲离开了人世。此时，希特勒年仅十八岁。

母亲的离开，使得希特勒完全独立了。然而希特勒尽管不是什么豪门子弟，却因为母亲的宠爱，一向轻视体力劳动，从来没想靠自己的力量赚一分钱，而他又没有什么一技之长，此时，对于希特勒来说，最大的问题不是上不上学，学不学艺术，而是如何解决自己的生活问题。然而，希特勒却对这些并不担心。母亲的离开虽然让他感到几分悲伤，他的内心却松了一口气，从此以后，再也不会有人叫他去当一名脚踏实地的公务员，再也不会有人阻挡他对艺术的向往。第二年的二月，希特勒重新回到了维也纳。对于希特勒来说，维也纳的生活正是他人生、思想的重大转折点。因此，我们有必要详细了解一下二十世纪初的维也纳。

翻开历史，我们知道，维也纳是奥匈帝国的首都，二十世纪初，正是奥匈帝国的晚期——哈布斯堡王朝时期。与所有的王朝首都一样，维也纳有着世代财富积累下来的辉煌，它是欧洲的心脏，它拥有五百二十万人口，它有着一种独特的快活气氛，也有着一种迷人的魅力，当然，这与它作为艺术之都有着莫大的关系。这个城市有很多不同的民族，于是，各种语言、各种人群都在此集中。于是，这里的人川流不息，流动性颇大。同样的，与所有的末代王朝一样，优雅的维也纳的繁华背后，也散发着腐败的气息，这气息，昭示着这个庞大帝国的摇摇欲坠。在维也纳，有宝马香车，有歌舞升平，在维也纳的金色大厅中，时时回响起优美的音乐；而维也纳也有着不太光鲜的另一面，这里有着无数的穷人，他们三餐不继，他们衣衫褴褛，他们住在贫民窟里。他们不安，他们狂躁，他们渴望宣泄，他们等待黎明。当时的维也纳，正处于黎明前最黑暗的时期。

第二次来到维也纳，希特勒又去参加了艺术学院的入学考试。不过，他再一次被无情地刷了下来。一般的人在这样的情况下，也许会按照老师指点的那样，想办法进入自己颇有天分的建筑系学习，但希特勒没有，他也没去学什么技艺，或者谋一份稳定的职业。在维也纳的第一年，他主要就靠父亲留下的那点遗产和每月二十五克朗的孤儿补助金维持生活。第二年，父亲的遗产用光了，每月二十五克朗的孤儿补助金根本无法开销他的生活，希特勒完全成了一个流浪汉。白天，他在环境恶劣的小酒店或者候车室中，寻找一些廉价食品充饥，然后找一些零星的工作来维持生活，例如到火车站替人搬行李，有时打扫一些积雪，或者是扫地毯等。即使是这样，生活还是不能维持下去，他不得不到施粥站排队领取一些施舍的食物充饥，他甚至还沿街乞讨过。在夜晚，无家可归的希特勒要么在公园的长椅子上，要么在哪家的大门门洞里，打发漫漫长夜。

在维也纳生活的几年中，希特勒变得富于批判精神和反抗精神。他愤愤不平，郁郁寡欢，他常常感叹世道的不公，他诅咒那些榨取不义之财的豪门贵族。他的心灵，已经慢慢扭曲。一九〇九年圣诞节前夕，走投无路的希特勒把自己仅有的最后一点衣服典当了，进入麦德林的一个流浪者收容所。

当然，希特勒的自尊或者是自大让他不允许自己这样沉沦，很快的，他离开了收容所，打些零工，或者画一些廉价的明信片兜售，勉强地维持着自己的生存。这样的生活，希特勒后来曾说，这是他一生中最悲哀的事情。他告诉他的崇拜者说，当时，除了一件御寒的黑大衣和饥饿以外，他什么都没有。此时，一方面，从小也算衣食无忧的希特勒害怕自己变成一个一无所有的人；另一方面，因为窘迫的生活，他仇恨这个世界，认为这个世界对他不公正。希特勒是一个自命清高的人，他无法容忍自己的人生如此灰暗，他密切地关注社会，关注现实，想要找到改变自己人生的机遇。

希特勒还真找到了他的机遇，那就是在维持生存的同时，阅读大量的书籍。现在的人们很喜欢说知识改变命运，而几十年前的希特勒就做到了这一点，他能够如愿以偿地走上权力巅峰，凭借的可不是什么运气。

希特勒读些什么书呢？他经常阅读的是一些大肆鼓吹极端国家主义和极端民族主义、反犹太主义、反共产主义的小册子。《奥斯塔拉》、《神性动物学》、《东方天坛星》一类的杂志，对希特勒来说更是如同至宝，他对这些杂志总是爱不释手。这些杂志的宗旨是创造一个由金发碧眼的雅利安优秀人种统治的世界，反对那些"劣等的杂交人种"，尤其是犹太人的"堕落不堪"的生活影响。它们反对民主和议会制度，反对马克思主义和犹太人社团，反对社会平等和政治自由。这些杂志甚至积极鼓吹种族优化论，叫嚣通过"有计划选种"和"人种卫生学"的"消毒法"来"灭绝野兽人"，用种族斗争和"阉割手术刀"来对付社会主义者的阶级斗争，最后从雅利安人种中发展出新人种。

此外，从此时起，希特勒非常推崇克劳塞维茨的《战争论》。他完全接受了《战争论》的思想："战争是万物之父"，战争是"大自然铁的规律"。

希特勒成为这些论调的狂热拥护者，他把这些观点奉为人生宝典。这些都能从他此后的行为中得到印证。

如果希特勒只是一个只知接受别人观点的人的话，那么，这个世界或许会少了一场人间浩劫，但是，他毕竟是一个有主见的人，生活的落魄反而让他更加喜欢观察与思考。此外，环境的恶劣，也让那个一心想要成为艺术家的年轻人迅速成长起来，他开始热心地关注起社会现实来。希特勒十分关心国家政治和国际形势，尽管他没有能力也没有机会参加政治，但他还是时刻注意着奥地利三大政党的活动：执政的社会民主党、基督教民主党和泛日耳曼民族党的各种活动。他不仅注意三大政党的优点，也能发现它们的缺点。渐渐的，他形成了自己的政治观点。他认为由格奥尔格·舒纳勒建立的泛日耳曼民族党所宣传的政治主张，最符合自己的观点。泛日耳曼民族党所宣传的，正是反社会主义、反犹太主义，正是要奥地利与德国合并成一个国家，建立一个大德意志帝国。

他通过阅读执政党社会民主党的报刊，分析该党领导人的演讲，反复琢磨，得出结论：政党必须与群众运动结合，必须掌握在群众中进行宣传的艺术，否则将一事无成。他发现泛日耳曼民族党有一个致命的弱点，就是反对教会和不接触中下层群众。希特勒认为，一个政党需要也必须有一个杰出的演说家，把其主张告诉民众，鼓动民众，让民众拥护你。希特勒曾经说，在那个最悲哀的时期，他意识到各个政党的不足，他由此萌生了一种对自己而言显然是不可抑制的深刻而炙热的使命感。不过，当时的希特勒所处的境地，只是下雪了给人扫扫雪，替人家扛货，在粥棚喝粥；这样的一个流浪汉，又怎么可能建立起自己的政党呢？

参加战争，投身政治

在《我的奋斗》一书中，希特勒说："到了今天，在我看来，命运选择莱茵河畔作为我的出生地，似乎是一种天意。这个边境上的小地方成了一项伟大使命的象征。"在维也纳的流浪生活中，希特勒将德国看成是自己的祖国，他认为奥地利应该与德国合并，恢复过去由伟大的日耳曼民族统治的大德意志帝国。

一九一三年，对大德意志民族充满着狂热情绪的希特勒离开了自己曾经梦想的天堂——维也纳，前往德国的慕尼黑。在慕尼黑的希特勒还是个流浪汉，继续过着一边卖画，一边阅读从图书馆借来的政治书籍的潦倒生活。

一九一四年六月二十八日，欧洲沸腾了，街上一片混乱，德国境内，无数的人们在大街上、在饭店、在车站谈论着，叫嚷着："奥地利的皇位继承人，费迪南德大公被人暗杀了！"而谋杀大公及其夫人苏菲亚的凶手是一个年轻的塞尔维亚民族主义者，名叫加夫利洛·普令西普。大公被刺杀以后，维也纳愤怒的人们甚至开始涌向塞尔维亚边界。德皇开始秘密地向哈布斯堡王朝施加压力，要他们入侵塞尔维亚。七月二十八日，奥地利向塞尔维亚宣战。紧接着，俄国也进行了反对奥地利的全国总动员。德国皇帝威廉向俄国发出一份最后通牒，要求俄国在第二天中午前停止总动员。不过，他没有得到任何回答，八月一日下午五时，德皇签署了反对俄国并向俄国宣战的总动员令。第一次世界大战全面爆发了。

德皇下令向俄国宣战的消息传到慕尼黑的时候，战争的狂热迅速席卷了整个德国。对战争始终充满热情的希特勒激动了，也许在当时，没有人更比他渴望战争了。对他来说，德国卷入战争意味着他自幼所怀有的建立大德国的梦想已得到实现。他告诉人们说："由于欢喜若狂，我跪在地上，衷心感谢上苍让我有幸生活在这样一个时代。"

两天后，希特勒向巴伐利亚国王路德维希三世递交了一份请愿书（巴伐利亚虽是日耳曼帝国的一部分，但直至一九一八年，其主权都是独立的），请求允许他加入他的部队。第二天，希特勒得到皇帝的同意，作为志愿兵加入巴伐利亚步兵第一团，成为一名陆军下士，担任团队的通信传令兵。希特勒在战争中干得相当不错，甚至还获得了两枚铁十字勋章。

为了梦想中的日耳曼帝国，希特勒无比期待着德国在战争中取得胜利，然而，德国最终还是打输了这场战争。德皇仓皇退位，逃往荷兰。德国在贡比涅车站签订了投降协定。当时，希特勒在战场上被毒气攻击，眼睛失明，正在医院里治疗。当他得知这一消息时，如丧考妣，失声痛哭。他说："我简直一刻也坚持不了了。我感到天昏地暗，眼前又重新变得漆黑一团，我摸索着，踉跄着，跌跌撞撞地回到了寝室，一头扑到行军床上，把疼痛欲裂的脑袋埋在了被子和枕头下面。"此后，他"过着可怕的日子，甚至更加可怕的夜晚"，"在这些夜晚，我的心中滋长了仇恨，对那些干出这件事来的人……卑鄙堕落的罪人的仇恨"。在希特勒的心目中，导致德国失败的正是犹太人。在《我的奋斗》一书中，处处可见这样的文字："在后方密谋让德国倒台的就是他们！""几乎每个职员都是犹太人，几乎每个犹太人都是职员。这些选民中竟有这许多勇士，这不免使我大吃一惊，不得不将他们与在前线少得可怜的几名代表作一比较。""犹太人的金融掌握了德国的生产。""这只蜘蛛正开始慢慢地吸吮人民细胞中的鲜血。"于是，希特勒认为，自己要肩负一个伟大的使命，就得自己去投身政治，"当一个政治家"。

就在希特勒受伤期间，俄国革命浪潮席卷整个德国。十月六日——德国的新任总理大臣，巴登的亲王梅克斯，收到了威尔逊总统的一份照会。照会说，除非废除德皇威廉，否则美国不签订停战协议。这一照会从侧面加速了德国军方的瓦解。两周后叛乱公开爆发了，德国有六艘战舰抗议。在基尔，水手们洗劫了军火库和短武器橱柜，并占领了该市的大部分地区。起义浪潮在德国此起彼伏。十一月七日，慕尼黑爆发了另一次大的起义。第二天，慕尼黑的市民发现，他们的巴伐利亚在一天之内已经变成了共和国。此后，德国全境的一个个政府都垮台，政权被工人或者士兵代表会接管。

新政权成立的两天后，新政府代表马特亚斯·埃尔斯伯格与协约国（第一次世界大战主要是同盟国和协约国之间的战斗，德国属同盟国阵营，俄国等属协约国阵营）代表签署了停战协议，双方在上午十一点停止了敌对行动，世界又恢复了短暂的和平。获胜的协约国此后签署了《凡尔赛和约》，德国被迫独自承担引起战争的责任，并赔偿战争造成的全部损失。大片领土被割让：阿尔萨斯及洛林地区落入法国人手中，比利时得到了马尔梅蒂地区，波森之大部以及西普鲁士被波兰拿走。德国的殖民地也被抢走，协约国将占领莱茵河最少达十五年的时间，莱茵河右岸三十英里宽地带被划为非军事区。德国不得拥有潜艇、军用飞机，军队数量仅限十万。德国蒙受的耻辱达到了顶点。德国民众心里的愤怒无法宣泄，这在后来成为希特勒的一件极为有利的政治工具，因为新政权背负上了这样一个恶名——他们出卖了德意志民族。

希特勒伤愈以后，在靠近奥地利边境附近的一个战俘营当警卫。第二年春天，他又回到慕尼黑。这时，慕尼黑成立了一个调查委员会，希特勒向该委员会提供了很多有价值的情报，他受到了赏识，被调到陆军军区司令部政治部新闻局工作。由于《凡尔赛和约》只允许德国保持十万人的常备军，政府非常重视军队的忠实可靠性，为此，政府专门设立了一些特别委员会，负责报告部队中可能出现的政治颠覆活动以及监视工人组织。希特勒就是被选中执行此种"侦察"任务的头一批士兵中的一员。

这些士兵在开始执行任务之前，被政府送进慕尼黑大学的一个特种训练班受训，这一次受训对希特勒来说意义重大。他说："对于我来说，参加受训的价值就在于，我有机会见到与我志同道合的同志，可以和他们详尽地讨论目前的形势。我们都坚信，目前德国所有的党派都无法将德国从未来的崩溃中拯救出来。而那些所谓的'资产阶级民族主义的组织'尽管有良好的愿望，但也无法对已发生的事件进行弥补。"他在受训期间，经常和人们进行热烈的讨论。慕尼黑大学一位教授回忆说："人们好像着了魔似的。原来，有个人用深沉的嗓音在高谈阔论，越讲越起劲。我有个奇怪的感觉，这些人的激动是受他高谈阔论所致。我看到的是一副苍白的小脸。他头发蓬乱，不像军人，胡子修得整整齐齐，蓝色的大眼中放着狂热的光芒。"

希特勒的老师们很快发现他是一个注意听讲的学员，而且口才过人。他们把这一发现报给了希特勒的上级。不久以后，希特勒就被派到慕尼黑的一个团队去演讲。对希特勒来说，这是一个非常重要的机会，他第一次在他想进入的政治领域中得到了承认。随着每一次演讲的成功进行，希特勒变得越来越自信，他发现他确实有着一个鼓动大众最必需的能力——演讲的天赋。"我以最大的热情和爱开始工作，因为，猛然间，我便得到了向大群听众演讲的机会，我历来纯粹凭感觉而不是凭知觉所假设的东西，现在证实了：我能'讲'。"

希特勒的上司十分赏识希特勒的才华，把一项项特殊而重要的使命交给他去完成。一九一九年七月底，希特勒奉命和其他"侦察员"一道前往莱希弗尔德的收容所，肃清那些曾在大战期间被俘虏过的德军战俘们中间滋长的斯巴达思想倾向。希特勒发现，遣返的战俘觉得自己的青春和理想都被政府无耻地欺骗，他们被迫上战场，在战壕里过着畜生一样的生活，回到国内，到处充满了混乱，他们没过上好日子，还得忍受饥饿的煎熬。他们变得满腹怒气和尖酸刻薄。希特勒滔滔不绝地向他们讲述"凡尔赛耻辱"、"反犹太主义"、"马克思主义世界阴谋"，成功地把士兵们的仇恨引向了他所憎恨的目标。

希特勒的演讲才能越来越受到人们的注意，一个观察家甚至这样评论说："如果可以这样说的话，希特勒先生是天生的人民演说家。他以他的狂热和对听众的魅力，使听众聚精会神，并相信他之所云。"

希特勒接受的另一个重要任务是调查最近在慕尼黑成立的激进组织，大约有五十个。这些组织包括种族主义分子、共产主义分子、激烈民族主义分子、无政府主义者和超级爱国主义者等一系列政治派别。

一九一九年九月，陆军政治部又交给希特勒一项新的任务：调查一个自称"德国工人党"的政治团体的情况。当时，该党规模很小，只有五十四名党员。这个党的创始人是慕尼黑铁路工厂的一个工匠——安东·德莱克斯勒。该党宣称的政治纲领是社会主义、民族主义和反犹太主义。此党的核心人物与希特勒一样，相信未来的世界肯定会掀起日耳曼民族浪潮。

九月十二日，希特勒接到命令，在当晚黄昏前去位于赫仑大街的一家小咖啡馆——斯特纳卡布劳咖啡馆，参加德国工人党的一次会议。在这次会议的自由讨论时间里，希特勒"艳惊四座"，他痛斥一个教授——因他主张把巴伐利亚从普鲁士分离出来。在座的人，无不认为希特勒的论点精辟，口才敏捷，逻辑清晰，是一个优秀的演说家。

希特勒的表现引起了德国工人党负责人的注意。两天后，希特勒接到一张明信片，通知他已加入了德国工人党。这个大投机家意识到，也许自己的机会到了。德国工人党的力量还很小，组织极不完善，但这就使他可以按照自己的观点和目标来改造这个党，他就有机会把自己的政治蓝图付诸实施。此外，这还能为他提供一份生活保障，对于一名低等下士来说，这也是非常重要的一件事。一番深思熟虑之后，希特勒决定加入这个党，并如愿地成为他坚决要求的党的主席团的第七名委员。从此，希特勒跨出了他一生中最有决定意义的一步。

翻云覆雨，大权在握

一九一九年的秋天，对于希特勒来说，不是秋风秋雨愁煞人，而是天凉好个秋。德国工人党需要一位鼓吹自己政治目标的演说家，所以他们选择了希特勒。希特勒加入德国工人党，正好得到了宣传自己思想的平台。

　　希特勒加入德国工人党以后，在履行陆军政治部赋予他"侦察员"职责的同时，以满腔的热情投入到党的工作中去。他的第一个任务，是要把这个从根本上来说还只是个辩论性质的社团变为一个真正的政治机构，真正的政党。他开始积极从事多方面的社会交际，在各种刊物上刊登党的启事，组织各种各样的群众集会。在群众集会上，希特勒施展演说才能，竭尽全力向到会的大学生、小企业主和军官们宣传。他煽动人们的情绪，挑起人们对《凡尔赛和约》、"十一月罪人"及犹太人的仇恨。

　　希特勒的演说绝不咬文嚼字、故作高深，他采用民间语言和战壕中士兵们的行话，简单明白，通俗易懂，他的听众们对此倍感亲切，他们喜爱这位亲切的、有激情的演说者，他们被他鼓动，他们高度狂热地追随他。只要希特勒踏上讲台，听众就如同"触电一般"，心情激动。他一讲就是半个钟头，谴责的、威胁的和保证的言辞，犹如滔滔江水，连绵不断！他不断地高声告诉他的信徒："德国的惨境必须用德国的钢铁打破，那样的时刻必然到来。"

　　希特勒的演讲是成功的，他为德国工人党招来更多的成员，他为德国工人党带来了经济支持者，德国工人党的力量越来越壮大。希特勒的成绩使党的头头们对他刮目相看，党的主席甚至把资历最浅的希特勒任命为党内重要的领导职务之——"宣传部长"。

　　希特勒得到实权以后，自然得先巩固自己在党内的地位，他重新安排了党的日常管理工作。接着又和党的主席共同起草了新的党纲，基调是反犹太主义、国家主义和"社会要求"。希特勒利用德国当时盛行的民族主义和社会主义两股潮流，将德国工人党正式改名为"国家社会主义德国工人党",这便是日后臭名昭著的纳粹党(纳粹是该党正式名称缩写字中前两个字母的音译)。一九二〇年二月二十四日,在该党的群众大会上,新的党纲和党的新名称正式向世人公布。新闻界对此事作了简短报道,而此事最大的"功臣"——希特勒在这一地区变得声名大噪起来。

希特勒在一九二〇年三月三十一日复员以后,把全部精力都投到了党的工作中。按照军队的管理模式,他设计了党旗和党的标志,党旗以黑、白、红三种颜色为底色,标志则是一个卐字。此外,在一九二四年,他给党员发放了褐色衫,设计了一种口呼"卐岁"的抬臂礼。在此期间,德国有一批为希特勒的才华、胆量和口才所倾倒的各方人士加入到了纳粹党的队伍中来,一年之内,纳粹党就迅速壮大起来。希特勒甚至还在赞助者的支持下,买下了慕尼黑的《人民观察家报》,使党有了自己的机关报。一九二一年七月,希特勒又亲自前往柏林,希望能够与北德的民族主义者建立联系,把纳粹运动扩大到全国。

短短的时间内,希特勒从一个默默无闻的下等士兵变成了纳粹党最有实权、最有呼声的领导人,他的平步青云招来了纳粹党内其他委员的不满。这些反对者们趁着希特勒离开慕尼黑的机会,暗中联合起来,准备夺取希特勒的实权,推翻他的领导。希特勒得到消息以后,就立即赶回了慕尼黑,组织力量进行反击。我们不能不承认,纳粹党从一个只有五十几个人的辩论性质的社团,摇身一变,成为德国国内举足轻重的大党,其最大功臣乃是希特勒。在扩大党的领导力的同时,希特勒的个人魅力也发挥到了极致。此时,反对者们妄图取代希特勒,实在是不自量力。希特勒回到慕尼黑,只是以退出纳粹党相威胁,就震慑了反对者们。纳粹党为了挽留希特勒,同意让他担任党的第一主席并享有

"指挥一切的权力"。

希特勒的反对者们绝没想到，他们的行动给了希特勒多好的机会。希特勒利用这次小小的党内颠覆活动，得到了自己想要的权力。大权在握以后，他对党章作了修改，取消了党的委员会，废除了选举制，确立了"领袖原则"，开始实行独裁统治。希特勒任命自己为纳粹党的元首，他规定，元首不仅对党的整个机构拥有至高无上的控制权力，而且所有的党徒们也必须对元首无条件地效忠。至此，希特勒终于完成了他在维也纳时就有的梦想——建立一个按照他的意愿行事，完全为他自己所用的党。

举国之力，为我所用

希特勒成为纳粹党的元首以后，他的野心更大，他想要的更多。他一直在静静地等待机会，啤酒馆暴动正是他的一次大手笔。

第一次世界大战结束之后，协约国集团通过《凡尔赛和约》对德国进行了严厉的惩罚，列宁把它称作对德国进行敲骨吸髓的盘剥。一个西方学者说，从《凡尔赛和约》签订的那一天起，德国这个大家庭就不和睦了。原本被战争荼毒的德国还没恢复元气，又被重重地打了几拳，德国的社会冲突自然更加尖锐。德国经济不景气，再加上大额赔款，社会经济到达了崩溃的边缘。一九二三年一月，一美金兑换一万八千马克，但是短短十个月之后，需要四十亿马克才能兑换一美金。一九二三年用以买一个鸡蛋的马克，在十年前，却可以买三千万个鸡蛋。通货膨胀如此严重，社会更是动荡不安。就是这样的一个社会条件，给了希特勒一个可乘之机。

当时，希特勒的纳粹党已经有了一定的规模，他还成立了德国战斗同盟，把那些对现实不满的、在现实中有强烈失落感的、主张建立大德意志帝国的德国民众笼络在他的周围。希特勒认为，夺权的时机到了。他决定暴力夺取政权。当时，巴伐利亚与柏林中央政府之间冲突尤为尖锐，那里的分裂主义势力企图进行暴动，以对抗柏林政府。希特勒决定以巴伐利亚为跳板，攫取全国政权。

十一月八日晚上，巴伐利亚州州长卡尔、巴伐利亚军区司令洛塞夫及警察局局长赛塞尔在慕尼黑市中心的贝格勃劳啤酒馆召集会议。希特勒得知消息以后，计划发动暴动，扣押这些高官，掌握实权。二十点四十五分，希特勒率领党内六百名冲锋队员，强行冲入会场。在暴徒们向天花板开枪以后，希特勒登上讲台，高声喊叫说："国民革命已经开始！巴伐利亚政府已经崩溃，我从现在起就是全德意志的领导者！"不过，希特勒没能如愿以偿地绑架这些高官。

次日，他决定在慕尼黑进行示威游行以扩大宣传和唤起士兵与居民的支持。希特勒率领一支二千多人的队伍，从啤酒馆向慕尼黑城内前进。他们包围州议会、警察局这些重要的枢纽部门，高唱着德意志高于一切的歌曲，要占领重要部门，夺取政权。但他们立即遭到镇压，军队开枪，希特勒党徒顿作鸟兽散，希特勒被逮捕，关进了慕尼黑以西的莱茨贝格监狱，第二年春天，他被判刑五年，这就是啤酒馆事变。

希特勒的政变失败了，但他还是为自己和自己的政党捞到了一笔宣传资本。其实，希特勒只服了八个月的徒刑就被赦免了，而且未被驱逐出境。在服刑期间，他备受优待：除了获准享用特别饭食、舒适的单间牢房外，他还可以携带秘书，到户外散步，自由通信，自由接待来访亲友等。他甚至还能在监狱中发表演讲，当希特勒在这所看守监狱（这种监狱中的犯人名誉不受影响）中"服刑"结束时，狱中的工作人员绝大部分都变成了忠实笃信的纳粹主义分子。

在这八个月中，他向自愿追随他来监狱的忠实的拥护者鲁道夫·赫斯口述了《我的奋斗》第一部。这部著作是一个集国家主义、帝国主义、反犹太主义和反对民主主义、复仇主义、扩张主义思潮于一体的大杂烩。反犹太主义是贯穿该书的一条主线。书中宣扬说，犹太人和斯拉夫人是劣等民族，雅利安人才是优等人种，它有资格征服和统治其他民族。希特勒还在书中叫嚣必须撕毁《凡尔赛和约》，必须向法国算账。希特勒还在书中宣传专制独裁统治，反对马克思主义，宣扬法西斯理论。《我的奋斗》迎合了当时广泛存在于德国的愤懑情绪，被看作是法西斯的理论和行动的纲领，是纳粹党的"圣经"，为希特勒涂上了一层迷人的色彩，该书发行量很大，流传极广。

希特勒从啤酒馆暴动的失败中认识到只有与当局合作才能取得政权，要充分利用共和国宪法所提供的一切合法条件去攫取政权。于是，在出狱后，他拜访巴伐利亚总理，承认一九二三年的政变是一个错误，保证今后一定遵纪守法。他还答应在反对马克思主义的斗争中，支持这位总理。在一九二五年二月份，巴伐利亚政府撤销了对纳粹党及其机关报《人民观察家报》的禁令。二月二十六日，《人民观察家报》正式复刊。二月二十七日，纳粹党正式重建，希特勒又获得了独裁元首的身份。

在此后的三年内，希特勒把精力投入到纳粹党的建设中。他潜伏在黑暗中，慢慢地磨好自己的爪子。他在纳粹党里建立了一套分门别类的党内机构，这些机构甚至可囊括德国政府所设置的各种部门。为了吸引更多的群众，希特勒还陆续建立起一批群众组织。到了一九二八年，纳粹党逐渐变成了一个"拥有一批具有接管政府事务能力的干部的政党"，而且纳粹党的信徒们都把他们的元首视为众望所归的决策人物。希特勒还把冲锋队改组成为一个拥有几十万队员的武装团体，借以保护纳粹党举行的集会，恫吓那些反对希特勒的人。

一九二九年十月末，世界性经济危机爆发。德国的经济随之受到重创，企业倒闭，失业人数直线上升，最高时达六百万，这给希特勒和他的党羽们提供了绝好的机会。他们说这次经济危机是"政府无能"的一个佐证，是政府接受《凡尔赛和约》和战争赔款及奉行"社会主义"政策的结果。不久，经济危机就演化为一场国家危机。一九三〇年三月，魏玛共和国垮台。

经济危机使社会各阶层的矛盾不断激化，人民群众强烈要求建立一个能够拯救德意志民族、给人民带来幸福的新政府。希特勒空前地活跃起来，一方面，他展开更强大的宣传，不断对各阶层人民做出符合其愿望的许诺，另一方面向中下层的中产阶级伸出橄榄枝，以争取得到他们的支持。这些宣传打动了处在绝望之中的德国人民，大家纷纷聚集在了希特勒周围。经济危机前，纳粹党只有十万八千人，一九三二年，纳粹党人数超过了一百万。希特勒还得到了被推翻的霍亨索伦王室的支持。一九三三年一月二十二日，皇太子就曾致函当时德国的一号人物兴登堡，敦促其授权希特勒组阁，威廉二世还给纳粹党提供了二百万马克的援助。随后，纳粹党在国会选举中取得一次又一次的胜利。一九三二年四月十日，德国举行第二轮总统选举，希特勒获得了百分之三十六点八的选票。一九三二年七月三十一日，国会选举投票中，纳粹党获得了百分之三十七点三的选票，获得二百三十个议席，成为国会中最大的党派。就在这时，政治巨头巴本和施莱歇尔为了一己私利，宁让第三者上台，也不让对方执政，通过政治上的交易，他们把希特勒推了出来。一九三三年一月三十日，希特勒登上了总理的宝座，第三帝国由此诞生。

野心勃勃的希特勒执意借助自己已经掌握的权力，要实现建立独裁的目标。在他上台的第三天，即发布第一号文告，声称兴登堡总统宣布解散国会，定于三月五日举行新的选举。希勒特暗中拉拢国防军头目和大资本家，以取得他们的支持并赢得选举的胜利。二月四日，又颁布了《保护德国人民法》，以便限制反对党，特别是限制德国共产党和社民党在竞选中的宣传活动。二月六日，他解散普鲁士邦议会，纳粹党的戈林得以接管警察局，由纳粹的冲锋队、党卫队和钢盔团成员组成的"辅助警察"又先后接管了各地的警察部门，并在各大区建立了集中营，关押成千上万的共产党人、社民党人和其他的反法西斯战士。

二月二十七日，为了彻底打击反对自己的力量，尤其是共产党，纳粹党炮制了震惊世界的国会大厦纵火案，并将之嫁祸给共产党人。德国国内掀起了空前规模的反共浪潮，几千名德共干部被捕，被捕人员还有社民党人和其他著名人士。在该事件后，希特勒颁布《保护人民和国家法》，授权政府接管各邦权力，对各邦尤其是那些不在纳粹党掌握之中的邦进行了彻底的夺权。从此，纳粹党一党统治的基础得以基本建立了。

三月五日，国会大选正式开始，纳粹党获得了百分之四十三点八的选票。三月二十三日，希特勒获得了他所要求的授权法。授权法是希特勒在权力道路上迈出的"合法"的最后也是最重要

天才白痴梦——战争狂人希特勒

的一步，同时也是建立他"元首国家"的基础，有了它，希特勒就可以把国会和议员们撇在一边。希特勒颁布了一系列法规，撤销邦一级的行政区，取缔纳粹党以外的政治组织，控制经济和文化。在上台后的一年多时间里，希特勒基本上结束了从上到下的夺权活动，建立了纳粹党一党专政的法西斯极权统治。一九三四年八月一日，年迈的总统兴登堡病逝，希特勒立即颁布一项法律，把总统和总理这两个职务合二为一，命令军队以及法官和官员向他个人宣誓效忠。从此，希特勒成为第三帝国真正的唯一主宰。

政治上，希特勒肃清了所有的敌人；他又把全部经济都归为国家控制，以适应政治需要，便于扩军备战。一九三四年九月底，希特勒开始扬起了他的屠刀，他开始秘密整顿军备。一九三五年春，他公开宣布计划：将国防军扩充到三十万。这是公开违反《凡尔赛和约》的，但是，由于英、法等国的钩心斗角，各国对希特勒的军事整顿均采取了妥协态度。英、法的这一态度，使希特勒更加肆无忌惮起来。

一九三六年三月七日，希特勒公然宣布废除洛伽诺公约，派出三万德军开进莱茵非军事区，并沿德国西部边界建立起防御工事。此时，英、法等国只要稍有动作，希特勒就会乖乖地缩回，但两国并未采取任何切实的对抗措施。希特勒更加胆大妄为，加快了向外扩张的步伐。一九三六年十一月，德、日缔结反共产国际协议，一九三七年九月，意大利加入此协议。德、意、日三国正式结成法西斯集团。

一九三八年三月十一日，在奥地利的亲德分子和纳粹分子的帮助下，希特勒兵不血刃地得到了奥地利。英、法两国对希特勒的这一行动又是听之任之。吞并了奥地利之后，希特勒瞄准英、法等国不愿为捷克斯洛伐克承担战争风险的心理，向捷克斯洛伐克开刀，一枪未发地把苏台德地区占为德国所有。一九三九年三月，希特勒占领了捷克斯洛伐克全境。

在奥地利和捷克斯洛伐克得手之后，希特勒又把手伸向波兰。他要求波兰归还但泽市，提供享有治外法权的通往东普鲁士的陆地走廊。波兰拒绝了希特勒的无理要求。此时，觉得被希特勒欺骗和愚弄的英国人放弃了绥靖政策，强烈谴责希特勒的侵略行径，宣布全力支持并保证波兰的独立。法国也作了相应的表态，并加强战备。善于揣测敌人心理的希特勒并没有放弃对波兰的入侵，他开始了外交活动，秘密派代表与苏联进行谈判。一九三九年八月二十三日，苏联与纳粹德国签订了《苏德互不侵犯条约》。没有了后顾之忧的希特勒，在一九三九年九月一日，展开"闪电战"，入侵波兰。英、法两国虽于九月三日对德宣战，但在希特勒征服波兰的四个星期中一直按兵不动。九月二十八日，波兰沦陷。

占领波兰之后，希特勒暗中加紧把部队从东线调集至西线，把主要目标对准了法国。一九四〇年四月，希特勒攻占了丹麦、挪威以保证德国有海上的战略基地和瑞典铁矿砂的供应。五月十日至五月二十八日，德国军队攻占了荷兰、比利时和卢森堡。五月十三日，德军大举入侵法国。六月二十二日，法国代表在第一次世界大战结束时德国向其签署投降书的贡比涅车站向德国签署了投降书。

法国被占领后，希特勒的对手就只剩下实力遭到严重削弱的英国。

两线作战，国破家亡

在希特勒的原计划里，并没有打算与英国进行较量。希特勒本来以为法国投降之后，英国很快也会屈服。但他小看了日不落帝国的勇气与决心。

希特勒采取的第二步是对英国实行诱和，希特勒以德国承认英国的海上霸主地位为条件，想要麻痹英国，但遭到以丘吉尔为首的强硬派的抵制，没能成功。

此时，希特勒下令实施在英国登陆的"海狮作战计划"。这步计划本就先天不足。希特勒能够在世界大战中所向披靡，在于他的军队作战的闪电般的速度。其实，德军最初是想依靠空中优势打败英国，但是，帝国空军总司令戈林忽视英国实力，擅自改变作战计划，将空中打击重点由军事目标转移至重要城市，给了英国喘息之机。由于英国从一九三五年开始在全国布置雷达网，并配备灵活性优越的"飓风式"和"喷火式"战斗机，德国空中的优势不复存在，希特勒只能发动强攻，而"海狮作战计划"在英国的顽强抗击下彻底破产。这是希特勒在欧洲大战开战以来首次没能达到入侵目的的一次大战役。

在西线作战、进攻英国的时候，希特勒的战车也开向了苏联。一九四一年六月二十二日，德军在长达一千多公里的苏联边境上发动了大规模的突然袭击。

事实上，希特勒根本不可能在辽阔无垠的苏联领土上打赢一场消耗战。在战争初期的短暂得势之后，希特勒开始走下坡路了，先后在莫斯科城下和列宁格勒城下惨败，于是闪电战的计划流产。

一九四二年十一月至一九四三年二月，德军在斯大林格勒同样遭到惨败，开始节节败退。西线，希特勒的军队在北非战场屡遭打击，伤亡惨重，最后不得不投降。

一九四三年七月，盟军在意大利南端的西西里岛登陆，意大利法西斯政权垮台，希特勒孤军作战。

一九四四年六月六日凌晨，美、英、加三国远征军在法国诺曼底登陆。一九四四年七月，苏军把德军赶出苏联国境，并攻入波兰境内，至此希特勒军队完全陷入东线和西线的夹击之中。一九四四年底，盟军攻入德国境内。希特勒已从公共场合消失，人们再也听不到他的演讲。

一九四四年七月二十日，希特勒回到柏林，住进总理府下面的地下避弹室中，指挥战争。盟军推进的速度越来越快，希特勒无法摆脱困境，在一九四五年三月十九日，希特勒下令毁灭一切"德国国内军事、交通、通信、工业和供应设施，以及敌人为继续作战以某种方式立即或在不久的将来能够利用的东西"。

一九四五年四月二十八日，希特勒和他的情妇爱娃·布劳恩正式结为夫妇。四月二十九日下午，希特勒在地下室的避弹房间开枪自杀。爱娃·布劳恩伴随他的死亡吞下了毒药。追随者们将其尸体包上军毯，抬至总理府的花园里，按照希特勒的遗嘱，浇上汽油，在熊熊大火中化为灰烬。

随着希特勒的自杀，第二次世界大战很快就结束了。

希特勒这个人无疑是有一定天赋的，他的演讲无人匹敌，但他的演讲确为罪恶的，评论家说："此人在用演讲杀人。"这个人出身平凡，但他的演讲却成为其获取民众支持的利刃。其实，最初德国的实力并不足以颠覆欧洲大陆，但人们的软弱、自私给了希特勒机会，而希特勒正是一个洞穿人性阴暗面的魔鬼。

希特勒生前曾说："我要让全世界记住我一千年！"固然，全世界确实记住了他，但这种记住是用遗臭万年的方式取得的。不知这是否能让后人警惕呢？

热血、辛劳、眼泪和汗水
——铁腕首相丘吉尔

第二次世界大战时期，人物辈出，群星闪耀。即便如此，当时的英国首相丘吉尔的光芒还是没能被掩盖。

丘吉尔的祖国英国是一个老牌的殖民主义国家，在近代史上，它无数次向外扩张，却从来没有面临过关系国家的生死存亡的威胁。到了二十世纪中叶，英国开始真正面临一次严重的安全威胁——那就是希特勒所领导的法西斯德国的入侵。纳粹的铁蹄横扫西欧，战火弥漫，欧洲各国或不战而降，或败得一塌糊涂。野心勃勃的希特勒又把目光投向了日不落帝国。

英国民众当时特别盼望一个铁腕人物出来领导他们抗击德国法西斯，民众在等待英雄。英国《泰晤士报》甚至用醒目的标题呼唤：《谁来拯救我们的大英帝国?》后来，他们终于等来了这个铁腕人物，这个铁腕人物就是临危受命的温斯顿·丘吉尔。

这位铁腕首相，在敌人的炮火中，在国内的妥协声中，反对绥靖政策，坚决抵制希特勒的入侵，誓死捍卫家园。这位铁腕首相，用他富于激情的演讲，用他的实际行动，告诉他的人民："我们要不惜一切代价去争取胜利，无论多么恐怖也要去争取胜利，无论道路多么遥远和艰难，也要去争取胜利。"

正是丘吉尔领导的不列颠王国的顽强抵抗，才使得欧洲大陆没有完全落入纳粹德国的魔掌。如果第二次世界大战没有丘吉尔，也许今天的世界历史同样将会重写。

历史永远铭记着丘吉尔的功勋。一直到今天，丘吉尔还被英国人看作是最伟大的首相之一。在二〇〇二年，BBC 主办"最伟大的一百名英国人"票选活动，逝世多年的丘吉尔高居榜首。

名门之子

马尔巴洛公爵名叫约翰·丘吉尔，是丘吉尔家族有史可考的第一代祖先。他长相英俊、头脑灵活、野心勃勃，与王室的关系密切。他的妻子乃是一位颇受公爵爱女安妮公主（即后来的安妮女王）宠信的宫女莎拉·杰宁斯。

一七〇二年，安妮公主继位为英国女王。颇受安妮宠信的约翰·丘吉尔开始官运亨通。在对法战争中，他被安妮女王任命为国内外军队的总司令，奔赴荷兰，作为荷兰军队的代理总司令，指挥英、荷、德诸国"强大联盟"的联军进行马斯河战役，迫使法军撤退，使战局转危为安，直至取得胜利。因为这次战功，他被封为马尔巴洛公爵，成为英国政界权倾一时的风云人物。

一七〇三年，马尔巴洛公爵指挥"强大联盟"联军进行大陆战争，次年，英国在布伦亨取得了辉煌的绝对性胜利。为纪念马尔巴洛公爵的赫赫战功，女王赐给他伍德斯托克地区封地数千英亩，赏金五十万英镑，并为他修建豪华的宫殿。这座宫殿被命名为布伦亨宫，据说比皇宫还精美华丽。此外，德国皇帝也赐予马尔巴洛公爵"罗马帝国公"的称号。一直到今天，马尔巴洛公爵的子孙还可以享用这个称号。

此后，马尔巴洛公爵还多次率领"强大联盟"联军对法作战，先后又取得了拉米伊、奥德纳德和莫拉克等战役的重大胜利。史学家们说："他统帅'强大联盟'的军队转战十年，攻无不克、战无不胜，这在战争史上实为空前之奇观。"

这位"攻无不克、战无不胜"的马尔巴洛公爵就是因第二次世界大战而扬名的温斯顿·丘吉尔的祖先。丘吉尔家族能人辈出，马尔巴洛公爵虽然很厉害，但他的后代子孙也毫不逊色。丘吉尔的父亲叫伦道夫·丘吉尔，是英国历史上著名的政治家，曾经担任过英国的财政部长。伦道夫·丘吉尔生于一八四九年，是马尔巴洛公爵七世的第三个儿子。不过，按照英国法律，马尔巴洛公爵的爵位和领地应由其长兄乔治·丘吉尔继承，伦道夫自己只能在政界、军队、殖民地行政当局或者宗教界寻求出路。因此，伦道夫在牛津大学毕业之后，决定向政界寻求发展。他年轻的时候曾经声言要在最短的时间内，当上英国的首相，当时有人戏称他为"伟大的急于求成的年轻人"。不过，父亲的梦想终于被儿子完成了。

丘吉尔的母亲叫詹妮，出身于美国一个名门望族的家庭，是有着印第安人血统的美国人。一八七四年四月，詹妮和伦道夫结婚。一八七四年十一月三十号，詹妮早产，生下了温斯顿·丘吉尔。

温斯顿·丘吉尔的诞生使马尔巴洛公爵爵位的继承人感到不安。因为他的伯父乔治·丘吉尔、未来的马尔巴洛公爵八世只有一个儿子，万一有什么三长两短，马尔巴洛公爵爵位和领地就该由温斯顿·丘吉尔继承了。在二十多年的时间里，这种可能性一直存在。所以，马尔巴洛公爵九世娶妻后，温斯顿·丘吉尔的祖母对九世公爵的夫人，一位美国百万富翁的女儿康苏埃拉·泛德比尔特说："你的主要任务是生孩子，而且应该生儿子。不能让这个早产儿温斯顿·丘吉尔继承公爵的爵位。"当然，九世公爵夫人不负众望地完成了老祖母交给的任务，温斯顿·丘吉尔失去了成为马尔巴洛公爵的机会。不过，对于温斯顿·丘吉尔来说，不能成为公爵并没有什么大不了的，因为没有人能料到，在将来，他竟然能够凭着自己的能力建功立业，青史留名。

差等生

童年时期的希特勒聪明伶俐，颇受师长好评。对比之下，丘吉尔的童年就显得平凡、无趣得多了。在学校的老师看来，他不过是个顽劣的孩子罢了。

丘吉尔是一个早产儿。不过，当时的社会可不这么认为，很多人甚至议论说，丘吉尔是他父母婚前冲动的结果。要知道在那个时代，未婚先孕可不是什么光彩的事情。丘吉尔出世以后，难免会招人指指点点，连他的亲祖母都不甚喜欢他。

丘吉尔七岁那年，被父母送到一所位于阿斯科特名为圣乔治的贵族子弟寄宿学校去读书。学校的设备以及师资都是一流的，学校里面有豪华的游泳池，宽大的足球场等。教室里面甚至还装有在当时很少见的十分新奇的电灯。不过，这个学校的教育方式异常刻板和严厉，老师们只关心孩子的行为举止是否合乎他们的要求，而丝毫不考虑孩子们的兴趣所在。为了威慑学生，学校会当众惩罚学生，犯了过错的学生会在所有同学面前，被班长拖到房间里挨打。

热血、辛劳、眼泪和汗水——铁腕首相丘吉尔

在这样的学校里面，丘吉尔的天性被压抑，成绩并不好。他的历史和地理成绩还可以，但其他功课却差得很。学校给他下的评语是"淘气"、"贪吃"。不仅如此，由于丘吉尔性格倔强，老师更是不喜欢他，他常常受到惩罚。而每次挨打时，他都极力反抗，拼命哭叫、踢打。

由于在学校受到虐待，丘吉尔的身上留下了多处伤痕，父母发现这件事以后，就把他转入了另一所学校。

十二岁时，丘吉尔的父亲又把他送进哈罗公学，它是英国绅士的摇篮。然而，哈罗公学可不是那么容易进的，他们要对学生进行一次入学考试，以便掌握每一位学生的基本学习状况。

丘吉尔最怕参加考试，他觉得所谓要求全面发展的考试对自己来说是一种很大的折磨。如果只是考历史和英文，他倒能轻松过关，但偏偏哈罗公学偏重拉丁文和数学，这是让丘吉尔大为头疼的事。在考拉丁文课程的时候，丘吉尔交了白卷。由于入学考试很糟糕，丘吉尔被编到成绩最差的一个班。

进入哈罗公学的丘吉尔还是坚持自己的个性，只学自己喜欢的课程，对自己不感兴趣的功课则不闻不问。他的功课自然好不到哪里去，几乎一直是倒数几名。丘吉尔不但功课不好，还经常调皮捣蛋，不遵守学校制定的行为守则。校长给予他警告处分，而他竟然公开表示反抗。

丘吉尔是如此顽劣，他不服管教的表现让父母头痛万分。在父母恨铁不成钢的时候，唯独他的外祖父说："让他去吧！男孩子一旦找到了可以显示才能的场合，自然会变好的。"

其实，老人并不是没有道理地偏袒孙子。丘吉尔在学校成绩固然很差，但这并不能说明他是一个迟钝、低能的孩子。对于他所爱好的学科，比如历史，他就充分地显示出自己的才能，能够取得优异的成绩。丘吉尔记忆力惊人，在少年时期，他就能流利地背诵莎士比亚作品中的所有台词；老师在讲课时引述《奥赛罗》或者《哈姆雷特》词句出现差错的时候，他甚至能够马上指出来。他还可以背诵自己最喜爱的著名历史学家麦考利的书，背诵一千二百行，一字不差。

在少年时期，不爱读书的丘吉尔最喜爱的运动是参加体育和军事训练。他的骑术和游泳都很棒，在学校的击剑比赛中他还赢得过银质奖章。

丘吉尔对军事兴趣很浓。他从小就收集玩具锡兵，七岁时，丘吉尔就拥有了一千五百个锡兵，他把锡兵组织得像一个步兵师。他弟弟杰克统领的则是"敌军"，两人经常摆布锡兵，调兵遣将，进行战斗。

丘吉尔的父亲看着儿子整日不务正业，不禁大伤脑筋，他不得不认真考虑孩子的前途。有一次，父亲问他："你将来想干什么？"

"当兵，我要去军队！"丘吉尔回答说。

丘吉尔的父亲经过慎重考虑，决定让他将来投考桑赫斯特皇家军事学校。于是，在哈罗公学中，丘吉尔从普通班转入了被其他同学嘲笑为"笨蛋的乐园"的军事专修班，为将来投考军校作准备。

对这段成长过程，丘吉尔后来作了详细的说明。他说："在刚满十三岁的时候，我就步入了"考试"这块冷漠的领地。主考官们最心爱的科目，毫无例外地都是我最不喜欢的。我喜爱历史、诗歌和写作，而主考官们却偏爱拉丁文和数学，而且他们的意愿总是占上风。不仅如此，我希望别人问我所知道的东西，我可以好好地讲给他们听，但是，在考试中，他们却总是问我不知道的。我本来还想显露一下自己的学识，而他们则千方百计地揭露我的无知。这样一来，就出现了这样一种结果：场场考试，场场失败。

"我进入哈罗公学的入学考试是极其严格的。校长威尔登博士对我的拉丁文作文宽宏大量，证明他独具慧眼，能判断我综合能力。这非常难得，因为拉丁文试卷上的问题我一个也答不上来。我在试卷上首先写上自己的名字，再写上试题的编号'1'，经过再三考虑，又在'1'的外面加上一个括号，因而成了'(1)'。但这以后，我就什么也不会了。我干瞪眼没办法，整整熬了两个小时以后，监考老师总算收去了我的考卷，我交了白卷。尽管如此，威尔登博士还是断定我有资格进哈罗公学上学。这说明他是一个不以卷面分数取人的人。所以直到现在，我还非常尊敬他。不过，由于我入学成绩太差，我被编到低年级最差的一个班里。实际上，我的考试成绩居全校倒数第三。而令人遗憾的是，最后两位同学没上几天学，就由于疾病或其他我不知道的原因而相继退学了。

"我在哈罗公学的差班里继续待了近一年。正是由于长期待在差班，我获得了比那些'聪明'的学生更多的优势——他们全都得继续学习拉丁语、希腊语等优雅的高尚的辉煌的学科，而我，这个在老师眼里只会学英语的笨学生，则只需要把一般英语句子的基本结构牢记在心——对于我来说，这是一件光荣的事情。几年以后，当我的那些在校园中曾经因为创作优美的拉丁文诗歌和辛辣的希腊讽刺诗而获奖成名的同学，也不得不靠普通的英语来谋生或者开拓事业的时候，我一点也不觉得自己比他们差。正是因为这样，我倾向让我的孩子们学习英语。我会让他们首先都学英语，然后再让聪明些的孩子们学习拉丁语以作为一种荣耀，学习希腊语作为一种享受。但只有一件事我会强迫他们去做，那就是他们都得好好学习英语。

"在哈罗公学学习期间，一方面，我在最低年级停滞不前；另一方面，我却能一字不漏地背诵麦考利的一千二百行史诗，并获得了全校的优胜奖。在成绩几乎是全校最后一名的同时，我又成功地通过了军队的征兵考试。就我在学校的名次来看，这次考试的结果实在是出人意料的，因为许多名次在我前面的、成绩很优秀的人都失败了。其实，我也是碰巧遇到了好运——在考试中，要凭记忆绘一张某个国家的地图。而在考试的前一天晚上，我将地球仪上所有国家的名字都写在纸条上放进帽子里，然后从中抽出了写有'新西兰'国名的纸条，接着我就将这个国家的地理状况记得滚瓜烂熟。我很幸运，第二天考试中的第一道题正是：'绘出新西兰地图。'

"通过考试，我开始了我的军旅生涯。这个选择完全是由于我收集玩具锡兵的结果。我有近一千五百个锡兵，组织得像一个步兵师，还下辖一个骑兵旅。我弟弟杰克统领的则是'敌军'。但是我们制定了条约，不许他发展炮兵。这非常重要！

"一天，父亲亲自对'部队'进行了正式的视察。所有的'部队'都整装待发。父亲敏锐的目光具有强大的威慑力。他花了二十分钟的时间来研究'部队'的阵容。最后他问我想不想当个军人。我想统领一支部队一定很光彩，所以马上回答：'想。'于是，我的话被当真了，父亲让我参加了军事学院的考试。多年来，我一直以为父亲发现了我具有天才军事家的素质。但是，后来我才知道，他当时只是断定我不具备当律师的智慧。他自己也只是最近才升到下议院议长和财政大臣的职位，而且一直处在政治的前沿。不管怎样，小锡兵改变了我的生活志向，从那时起，我的希望就是考入桑赫斯特皇家军事学校。再后来，就是学军事专业的各项技能。至于别的事情，那只有靠自己去探索、实践和学习了。"

无论伦道夫初衷如何，历史证明，他为儿子选择了一条正确的道路。一个"顽劣"的学生，并不是在各方面都一塌糊涂！

成长

当然，丘吉尔能够进入军校，可不是他自己轻描淡写说的那么简单。他考了两次桑赫斯特皇家军事学校，但因为该校法语考试要求很严格，均以失败告终。

为此，詹妮让丘吉尔到凡尔赛的一个法国人家里生活了一个月，还为他介绍了许多巴黎朋友，想要帮他补习法语。这一个月对丘吉尔大有帮助，他不仅能运用许多法文成语写信给妈妈，还能够大胆讲法语，他的法语足以完整表达自己的意思。这一点使得他后来能够顺利地与法国军政要人打交道。

丘吉尔从法国回国以后，加强了补习。在一八九三年八月，他如愿以偿地被桑赫斯特皇家军事学校录取，在三百八十九名考生中他名列第九十五位。

丘吉尔进入军校以后，慢慢地变得成熟稳重起来。丘吉尔家常常是一些高层政治家聚会、讨论政治问题的场所，不少议员和保守党的中坚分子都是他家的常客。自然，这些人谈论的话题逐渐引起了温斯顿·丘吉尔的政治兴趣，他开始接触到真实的政治活动。而这对温斯顿·丘吉尔未来的人生发展，产生了不容低估的潜移默化的重要作用。

一八九五年，正是温斯顿·丘吉尔真正向成熟的大人过渡的重要一年，他的生活在这一年发生了重大变化。这一年元月，他的父亲过早地去世。这种近乎灾难的状况一下子让这位年轻学生成熟起来。

就在伦道夫勋爵去世前夕，丘吉尔顺利通过了桑赫斯特皇家军事学校的毕业考试。在所有一百三十名学生中，他的成绩名列第二十名，这证明在校学习期间，丘吉尔有了长足的进步。一八九五年二月二十日，温斯顿·丘吉尔被正式任命为军官，并被分配到第四骠骑兵团。就这样，这位新任的骑兵中尉开始了自己的戎马生涯。

在刚入伍的半年里，丘吉尔必须和普通新兵一样，每天进行例行的两小时马术训练、一小时的马厩值勤和九十分钟的操练。他在骑兵部队服役期间，许多高级军官都对他青睐有加。他"收到许多请帖，并且只要愿意，就可以天天晚上去参加舞会"。如果温斯顿·丘吉尔是一位见解平凡、对现状易于满足的平庸之辈的话，那么，他特殊的家庭背景，他在第四骠骑兵团服役期间所受到的重视和优遇已经能使他安于现状了。但是，正如法国传记作家 F. 克沙迪在《丘吉尔与戴高乐》一书中所表述的那样："那些熟悉温斯顿·丘吉尔，并在早期岁月与他共事过的人明白，他还同时具有诸多颇为罕见和难能可贵的素质：无穷无尽的干劲和精力，高度的道义感和勇气，过人的记忆力和令人吃惊的创造性，对国王和国家的赤诚，以及最后，对重大事件的神往和在其中发挥作用的热望。"所以，丘吉尔经常远离舞会等浮华的社交活动。此时的温斯顿·丘吉尔的眼光已经投入了政坛，他要跟随父亲的步伐，踏上从政的道路，创造比父亲政治生涯中所取得的更为辉煌的业绩，实现父亲未竟的遗愿。这一时期，丘吉尔开始阅读一些经济学和历史方面的书籍：比如利·福西特的《政治经济学》，吉本的《罗马帝国衰亡史》和莱基的《欧洲的道德》等。

一八九五年十月，丘吉尔有了一次长假。当时，古巴人民为了反抗西班牙殖民统治而掀起民族解放运动，西班牙政府派马丁内斯·坎波斯元帅率兵前去镇压。丘吉尔原本想去古巴旅游，却因为得到父亲好友的帮助，这次旅行被安排成一次公差：英国情报部要求他们尽可能地搜集当时西班牙军队使用的新式枪弹的信息。丘吉尔和伦敦的《每日纪事报》取得联系，成为该报的随军记者，撰写战地通讯。在古巴，丘吉尔经历了残酷战争的洗礼，数次死里逃生。一个多月后，他回到了英国。

丘吉尔的古巴之行收获很大。自一八九五年十二月十三日起到一八九六年一月十三日，他为伦敦《每日纪事报》撰写的五篇战地报导都被发表了，他的报导引起了国内一些读者的兴趣，还得到上流社会中相当一部分人的赏识。丘吉尔的报导为他赢得了很好的名声。

一八九六年九月，第四骠骑兵团调往印度，驻扎在印度南部的班加罗尔。在班加罗尔驻防时期，生活是"单调、乏味而使人感到百般无聊"的。丘吉尔为了充实和提高自己，请母亲给他寄些历史、哲学、宗教和经济方面的书来。丘吉尔从此开始了苦读，他回忆说："从十一月到第二年五月我每天阅读四小时或五小时的历史和哲学著作。"吉本的《罗马帝国衰亡史》、麦考利的《英国历史论文集》、柏拉图的《共和国》和温伍德·里德的《人类殉难记》等著作，使丘吉尔的思想变得更加深刻，他的写作技巧也大为提升。

一八九七年春，印度西北边境山区发生了民族骚乱。英国殖民当局派宾登·布拉德将军率领由三个旅组成的远征军前往该地进行镇压。丘吉尔作为战地记者，参加了此次战争。战争结束后，丘吉尔仅用两个多月的时间，就写出了自己的第一部著作——《马拉坎德野战军纪实》。这本书得到了大多数评论家的好评。《泰晤士报》评论说："这位年轻作者所显示的直截了当的笔锋，毫不犹豫的坦率精神和幽默感，将被认为是一个家学渊源在起作用的明显例证。"《旁观者》杂志则认为，本书作者显示出"军人所具有的丰富、敏锐的观察能力，在这一基础上进行了相当精辟的论述"。此后，在英国的多次对外战争中，丘吉尔不畏艰险，作为战地记者随军。他写出了一部部引人入胜的有关英国对外战争的书籍，如英国征服埃及和苏丹的历史巨著——《河上的战争》，描写南非战争的《从伦敦到莱迪史密斯》等。

丘吉尔战地记者的经历，不仅为他带来好的名声，不小的财富，还给他带来了巨大的政治资本。一九〇〇年十月，丘吉尔当选为奥德姆地区的保守党议员。一九〇一年二月，丘吉尔开始在下议院履行自己的议员职责。

进入议会第五天，丘吉尔发表了自己在议会的首次演说。丘吉尔的演说获得了成功，下议院里的保守党人和自由党人都热情地鼓掌欢迎。但保守党高龄的领袖们却皱起了眉头，因为丘吉尔在演说中发表的看法与保守党的主张是相悖的。此后，丘吉尔的见解与保守党的冲突越来越大，丘吉尔决心脱离保守党。

在许多方面，丘吉尔的见解与自由党人的政策保持了一致。除了反对扩大军队、反对关税壁垒、主张自由贸易以外，在反对不人道地对待南非矿区的中国劳工，反对在对外事务和帝国事务上花费太多，主张立法保障工会权益以及反对禁止进一步移民等问题上，他都与自由党人站在了同一立场上。一九〇三年十二月，丘吉尔在演讲中猛烈抨击保守党的政策，并向自由党伸出了橄榄枝。在结束演讲时，他说："感谢上帝，我们还有个自由党！"一九〇五年一月，他被保守党取消了保守党党员资格。同年五月底，他在下议院的座位从保守党人一边转到了反对党一边。

此后，丘吉尔在政府中的地位越来越高。一九〇六年自由党上台，丘吉尔被任命为殖民地事务部次官。在任内，他推动南非取得自治地位。一九〇八年，阿斯奎斯首相上台，丘吉尔被任命为商务大臣，正式进入内阁。在内阁任内，他推动了强制性工人失业和伤残保险，并阻挠海军增加财政预算。一九一〇年，丘吉尔出任内政大臣。一九一一年十月，丘吉尔被任命为海军大臣。上任海军大臣后，丘吉尔改变过去一味要求裁减军费的作风，开始主张与德国进行海军军备竞赛，确保英国在海军方面的优势无法受到挑战。

一九一四年七月，第一次世界大战爆发。一九一五年一月，丘吉尔批准了海军攻占达达内尔海峡的计划，但是，英国海军付出了巨大代价，仍无法攻下该海峡，英国在战事之初的优势丧失，丘吉尔成为保守党猛烈攻击的对象。五月，阿斯奎斯首相免除了丘吉尔海军大臣的职务，让他出任内阁中地位最低的大臣。被排挤在政治圈之外的丘吉尔辞职，赶赴法国前线，亲自参加战斗。

一九一六年九月，达达内尔海峡战事调查委员会成立，次年一月，该委员会发表报告，将事件的主要原因归咎于首相阿斯奎斯和陆军大臣，这份报告的发表为丘吉尔重新在政坛崛起提供了契机。

一九一七年七月，自由党党魁劳合·乔治宣布任命丘吉尔为军需大臣。在军需大臣任内，丘吉尔推动了多项对今后战争产生深远影响的新发明，包括坦克、飞机和化学毒气。

一九一九年十一月，英国举行第一次世界大战后的首次大选，丘吉尔在内阁内兼任陆军大臣和空军大臣两项职务。他主张积极干预俄国内战。他认为英国应该让布尔什维克主义"胎死腹中"，从此，丘吉尔以坚定的反共立场闻名。

一九二一年，丘吉尔转任殖民地事务部大臣，同时继续兼任空军大臣，任内与爱尔兰新芬党谈判，最终允许爱尔兰成为英帝国内的一个自治区。

第一次世界大战后，选民变得左倾，工党崛起，自由党的实力江河日下。丘吉尔转而向保守党靠拢。一九二四年夏，工党垮台，丘吉尔代表保守党参选，被首相斯坦利·鲍德温任命为财政大臣，这是内阁中地位仅次于首相的职位，也是丘吉尔父亲曾经担任过的职务。但是丘吉尔本人对财政一窍不通，他在任内推动英国重新采用金本位制，后来，这一决策被著名的剑桥大学经济学教授凯恩斯批评为给英国经济带来负面影响，金本位制最终在一九三一年被取消。

一九二九年五月，英国再度举行大选，保守党和自由党惨败，拉姆齐·麦克唐纳的工党政府重新执政。这段日子是丘吉尔政治生涯中的灰暗期，他将大部分时间用于写作，包括在报纸开专栏。

独醒者

一九三三年一月三十日，希特勒就任德国总理，德国国内掀

热血、辛劳、眼泪和汗水——铁腕首相丘吉尔

起了复活德国军国主义的狂潮，迫害犹太人的活动亦愈演愈烈。

战争是残酷的。第一次世界大战以后，英国国内弥漫着一股和平主义的气氛，无论是政党领袖还是平民百姓，他们都一厢情愿地认定，第一次世界大战后将再也不会有一场如此残酷的战争了。他们众口一词地要求裁军。因此，正当德国秘密地或半公开地破坏《凡尔赛和约》，重新武装德国军队的时候，英国的麦克唐纳政府却在议会下议院大力鼓吹裁军，并在国际联盟和通过一切可行的途径提出一系列裁军建议。同时，对于坚定地保持强大的陆军的法国进行抨击。

丘吉尔是议会中极少数反对裁军，并警告德国正在撕毁《凡尔赛和约》的人。在三十年代的大部分时间里，丘吉尔都被排斥在政府之外。但是，他仍然密切地注视着国际形势的发展变化，对德国法西斯主义的崛起，丘吉尔始终保持着高度的警觉和清醒的认识。丘吉尔认为，希特勒在德国建立的法西斯独裁，甚至比军事独裁还危险得多。因为这个以恐怖和血腥镇压为基础而发家的独裁者，为了摆脱国内的政治危机，很可能会对外进行冒险，使全世界"蒙受惨绝人寰的灾祸"。丘吉尔警告说，希特勒的法西斯独裁将给欧洲带来灾难，如果不立即阻止，而任由他发展的话，后果将十分严重，甚至有可能导致文明的毁灭。他督促英国应当重整军备，并鼓励盟友法国加强军事势力，而不是"裁减你的武器，增加你的义务"。但是多数人都将他的警告视为危言耸听。

一九三二年五月，英国外交大臣约翰·西蒙爵士提出了一个把武器分为"应准予保持"和"应予以废止"两类的新划分方法，其中，他提议"把重炮、坦克和毒气归入进攻性武器这一罪恶的范畴"，以便"使侵略者在进行侵略时有较大的困难"。

丘吉尔坚决反对这一提案，他组织了一次尖锐的辩论演说。在这次辩论中，丘吉尔第一次在公开场合正式提出了战争临近的警告：

"德国的军事力量如果与法国相接近，我将深以为憾。有人认为这种接近好像有道理，甚至认为这是对德国的公平待遇，他们都是低估了欧洲局势的严重性。我要对那些希望看到德、法军备均等的人进一言：'难道你们想打仗吗？'就我个人来说，我衷心希望我这一辈子或者我的孩子一辈子也不会看到德、法军备相接近的情况。我这样说，一点也不意味着我不尊重或不敬佩德国人民的伟大力量，但我可以肯定，德国应取得与法国相等的军事地位的这种议论，如果一旦见诸于事实，就一定会把我们带到不堪设想的灾难中去。"

丘吉尔在一九三三年四月的议会发言中，明确地指出，由于《凡尔赛和约》，德国的怨恨和不满尚未消除，还抱着复仇的情绪，如果英国自己进行裁军，并满足德国所要求的军备平等、编制平等的话，欧洲大战将指日可待。

但是，丘吉尔的声音被泛滥的和平主义浪潮所掩盖了。工党和自由党宣扬和平主义。对和平的热望鼓动着不明真相的大多数英国民众，他们普遍支持工党与自由党的主张。一九三三年十月二十五日，在东富勒姆的补缺选举中，工党增加了近九千票，而保守党却减少了一万票以上。当选的工党议员威尔莫特甚至在投票后说："英国人民要求……英国政府立即提出普遍裁军的政策，给全世界做出榜样。"工党和自由党继续以和平的名义坚持要英国裁军。工党和自由党把持不同意见的人一概称为"战争贩子"和"恐怖贩子"。那些敢于坚持不同路线的政党和政治家受到了空前的压力，甚至"在政治上几乎有被消灭的危险"。

在三十年代的前几年，纳粹德国疯狂地扩军备战，从偷偷地进行到半公开直至以寻衅的姿态向全世界挑明，德国完全撕毁了《凡尔赛和约》对德国军备的限制，已经拥有三十六个师团共五十五万陆军，空军、海军的实力也开始超过英国。而此期间，英国在干些什么呢？在此期间，英国一直唱着裁军的高调，军备废弛，在许多方面失去了原有的优势，甚至已经远远落后于德国。

一九三六年三月七日，希特勒在德国国会宣布，德国军队已经重新占领了莱茵非军事区。对这一明显违反《凡尔赛和约》的行为，英、法两国都未表示强烈的反对，只有丘吉尔警告这么做不仅违反条约，而且对荷兰、比利时和法国都将造成威胁。丘吉尔再次呼吁，英国应该对法国提供协助，以维持欧洲大陆的权力平衡，但当局仍然不予以重视。

一九三六年六月六日，一直关注着英国战备工作的丘吉尔，以私人的名义给当时的国防协调大臣英斯基普爵士写了一份备忘录，提出重新成立军需供应部，以保证战备物资的生产供应。不过，一直到一九三九年春，政府还没有成立军需供应部，甚至不准备对英国军火生产采取紧急措施。同年十一月十二日，在下议院对首相的答辩进行质询时，丘吉尔对疏于战备的政府和首相进行了严厉的抨击，他认为，当局政府当作决定不作决定，当下决心不下决心，无所作为，导致英国的实力在光阴中被时间的蝗虫吃掉了。

一九三六年一月，首相鲍德温引退，接替首相职务的是在英国历史上以绥靖政策而臭名昭著的前财政大臣张伯伦。此后，人们提出应该让丘吉尔进入政府。陆军大臣莱斯利·霍尔·贝利沙敦促张伯伦起用丘吉尔，张伯伦拒绝说："如果我把他拉进内阁，他就会支配内阁，他甚至不给别人发表意见的机会。"张伯伦毫不留情地拒绝了丘吉尔进入内阁的要求。

一九三八年一月十一日晚，美国副国务卿韦尔斯拜访了在华盛顿的英国驻美大使林赛爵士。他带给林赛爵士一份罗斯福总统写给英国首相张伯伦的密件。罗斯福对于国际时局的日益恶化深感焦虑，因此，他提议邀请一些政府的代表到华盛顿，讨论目前的纠纷，并予以解决。其实，这正是罗斯福希望利用美国的影响来促使主要的欧洲国家坐到一起，磋商如何全面解决当前国际危机问题。然而，持绥靖政策的张伯伦否决了这一提议。

一九三八年三月十一日，纳粹德国兼并奥地利；四月，在希特勒的教唆下，位于捷克斯洛伐克境内日耳曼人的聚居区苏台德地区的纳粹头子提出自治。七月，英国首相张伯伦派出的代表团访问捷克，讨论和平解决苏台德问题。九月十五日，张伯伦亲自访问慕尼黑，与希特勒商讨苏台德问题。会谈中希特勒明确提出要捷克斯洛伐克割让苏台德，张伯伦表示同意。在得到法国的同意后，九月二十日，两国驻捷克的公使拜会捷克斯洛伐克总统贝奈斯，游说他接受希特勒的要求。得知消息后丘吉尔向伦敦新闻界发表了一份声明："这无异于西方民主国家向纳粹武力威胁的彻底投降……"

九月二十八日，意大利独裁者墨索里尼出面，邀请英、法、德、意四国领袖到慕尼黑召开会议，一直幻想避免战争的张伯伦于次日赶到慕尼黑。丘吉尔立刻意识到张伯伦很可能会做出让步，因此提议由反对党人和保守党中持反对意见的人士发表一个联合声明，敦促张伯伦坚持立场，但是无人附和。

九月三十日，慕尼黑会议结束。英、法接受了希特勒的要求，对捷克斯洛伐克施加压力，迫使捷克从十月一日起撤军，否则一旦战争爆发，英法将不会支持捷克。张伯伦得到的是一份希

热血、辛劳、眼泪和汗水——铁腕首相丘吉尔

特勒保证不会有进一步领土要求的声明。回到伦敦后，张伯伦以胜利者的姿态接受欢呼。他说："在我国历史上，这是第二次把光荣的和平从德国带回唐宁街。"

但是，丘吉尔还是在议会中抨击绥靖政策，并认为慕尼黑会议是英国遭受的"一次完全、彻底的失败"。他的发言引起了严重的抗议，由于其反对绥靖政策的立场，丘吉尔还曾一度遭到自己选区的保守党党部弹劾动议，最终以三比二的信任票勉强保住了自己的议席。

功臣

慕尼黑会议以后，希特勒的野心并没有得到满足。他也压根没有打算把自己的承诺兑现。

一九三九年三月十三日，希特勒入侵捷克的剩余地区，宣布对波希米亚实行保护。第二天，在德国的操纵下，斯洛伐克宣布独立，实行自治。这一事件，使英国国内民众的情绪发生了巨大的变化，人们意识到一而再再而三的让步，换来的只会是魔鬼得寸进尺的扩张。民众的意愿迫使张伯伦在很大程度上改变了自己的立场。三月十七日，张伯伦发表演讲，谴责希特勒的背信弃义。三月二十九日，张伯伦在下议院宣布了把本土防卫队扩大一倍的计划。三月三十一日，张伯伦发言说，如果波兰遭到入侵，英国政府将给波兰政府全力支持。同时，他还宣布，法国政府已明确表示，法国将与英国采取同样立场。

然而，即使张伯伦一夜之间转变立场，接受千钧一发的战争局面，英国打仗的优势并不具备。绥靖政策带来了无法想象的恶果：英国失去了空军优势，连均势也未能保住；德国以武力重占莱茵之地，基本建成了齐格菲防线；德、意勾结形成了柏林—罗马轴心；德国吞并了奥地利，肢解了捷克斯洛伐克，使它获得了强大的军工生产能力；美国的干预被拒绝了；苏联表达出援救捷克的计划而无人理睬；在英国无力增强法国边境防务时，却丢掉了可以对付尚欠完备的德军部队的三十五个捷克师。

四月十六日，苏联提出建议，主张苏、英、法三国结成相互支持的联合阵线。张伯伦保持长时间沉默。五月四日，丘吉尔敦促政府对苏联建议做出反应。他呼吁当局不要错失时机，要接受与苏联的合作，他警告说："没有俄国的积极帮助，就无法维持一条反纳粹侵略的东战线。阻止希特勒对东欧的图谋，是与俄国的利益有着密切关系的。"

五月八日，英国政府对苏联政府的建议作了答复。此后，两国进行了艰难的谈判，但很长时间都毫无进展。五月十九日，下议院就这一问题进行辩论，丘吉尔、劳合·乔治、艾登等敦促政府与苏联签订平等的、内容广泛的协议；工党领袖艾德礼和自由党领袖辛克莱也都强调了与苏联结盟的必要性。张伯伦的态度却显得非常冷淡。

在英国与苏联谈判毫无进展的同时，五月二十二日，德国与意大利两国外长在科莫会谈，签订了所谓的"钢铁盟约"。五月三十日，德国外交部发电报给其驻莫斯科的大使说："与我们过去计划的政策相反，现在我们已经决定和苏联进行明确的谈判。"就在同一天，英国与苏联的谈判最终未取得任何结果，以失败告终。出于自身利益的考虑，苏联与德国进行谈判，并于一九三九年八月二十三日签订了《苏德互不侵犯条约》。在丘吉尔看来，

这是多年来英国外交的最大失败。

希特勒在得到苏联的保证以后，"决心用武力来解决问题"。九月一日，德国大军开进波兰。九月二日，英国下议院爆发辩论，议员们要求政府履行对华约的义务。九月三日上午十一点，英国对德宣战并宣布全国进入战争状态。第二次世界大战的爆发，宣告了张伯伦绥靖政策的彻底破产。

德军入侵波兰以后，在九月一日早晨，即战争爆发后的数小时，张伯伦召见丘吉尔，邀请他加入战时内阁。九月三日，丘吉尔临危受命，被重新任命为海军大臣。

由于战事进展不顺，一九四○年五月，下议院议员们对张伯伦政府提出不信任动议案，将矛头指向张伯伦。此外，工党向张伯伦施压，明确地向他表明，工党将不再支持由张伯伦或其亲信所领导的内阁。于是，张伯伦只得向国王提出辞呈，并建议由丘吉尔组阁。

五月十日下午六时，国王召见丘吉尔，令其组阁；一小时后，丘吉尔会见工党领袖艾德礼，邀请工党加入内阁，获得工党支持。三天后，丘吉尔首次以首相身份出席下议院会议，发表了那段著名的谈话："我没有别的，只有热血、辛劳、眼泪和汗水献给大家……你们问：我们的目的是什么？我可以用一个词来答复：胜利。我们要不惜一切代价去争取胜利，无论多么恐怖也要去争取胜利，无论道路多么遥远和艰难，也要去争取胜利，因为没有胜利就无法生存。"最后，下议院以三百八十一票对○票的绝对优势表明了对丘吉尔政府的支持。

丘吉尔上任以后，政府开始井然有序地、高效率地开展工作。短短几天时间内，一种紧迫感在政府内形成。电话交换台的工作效率成倍成倍地提高；参谋长联席会议几乎在不间断地举行；定点办公时间被取消了，周末休假也被取消了，任何延误都不能得到宽容。丘吉尔常常工作到深夜，睡得很晚。早上八点钟醒来，躺在床上读报纸、公文和电报，然后，躺在床上接见下属，口授各种命令，发出各种指示，下午到晚上，他还要出席各种会议和有关活动。

此时，国际形势非常严峻。德国人在欧洲大陆势如破竹，不仅荷兰和比利时人无法阻挡，就连一直被视为欧洲最强大的法国陆军也被打败。五月十四日，德军冲破了法军在色当和迪南的防守阵地，法国第二军和第九军被打得溃不成军。

法国总理雷诺在第二天清早给丘吉尔打来电话，他告诉丘吉尔："我们被打败了，我们打输了这场战争。"

丘吉尔无法相信自己的耳朵，他决定亲自赶往法国。他惊讶地得知法国即将投降，但是，丘吉尔仍然向法国领导人表明，即使法国被打败了，英国仍将继续战斗。丘吉尔在五月十五日下午，起草了向罗斯福总统紧急求援的电报。电报说：

"我虽然变换了职务，但我相信你不愿意中断我们之间的密切的私人通信。正如你必然知道的那样，局势已迅速地恶化了，敌人在空中显然占了优势，他们的新技术正在法国人的心中产生深刻的印象。我本人认为，地面战争才刚刚开始，我很想看到群众都参加战争。直到目前为止，希特勒还是在用特种坦克部队和空军作战。那些小国简直像火柴杆一样，一个一个地被粉碎了。虽然还没有肯定，但我们必须预料到，墨索里尼也将急急忙忙地插手进来参加对文明国家的劫掠。我们预料，在不久的将来，我们这里会受到空中袭击以及伞兵和空运部队的袭击。我们对此已有所准备。如果必要的话，我们将继续单独作战，我们是不怕单独作战的。

但是，总统先生，我相信你会认识到，美国的呼声和力量如果压抑得太久，也许就产生不了什么作用了。你将看到一个完全被征服的纳粹化的欧洲很快就会出现在眼前，这个压力也许是我们承受不了的。我现在要求的是：你宣布非交战状态，这就是说，你们除了不实际派遣武装部队参战外，将尽一切力量帮助我们。"

接着丘吉尔提出，要美国借用"四十或五十艘较旧驱逐舰，以弥补我们现有舰只和我们从战争开始时就着手建造的大批新舰艇服役之前的差缺"。此外，希望美国提供数百架最新式作战飞机以及一批急需的防空设备、弹药和钢材。丘吉尔还说："只要我们还能付美元，就继续用美元购买；但是我有理由深信，即便我们付不出钱，你也会照样把物资供给我们的。"丘吉尔以近乎孤傲而悲壮的语调说，如果必要的话，英国将单独战斗下去。在五天后的电文中，他告诉罗斯福，如果英国打败了，他和他的政府将同归于尽。丘吉尔的电文震撼了美国人。在日后的战争中，美国人帮了英国大忙。

五月二十六日，丘吉尔下令撤出在法的所有英军，敦刻尔克大撤退正式开始。英国政府号召沿海居民利用自己的小艇救援在海峡对岸的士兵，海军部的军官们也亲自加入到救援行列。在短短的八天中，被围困的三十三万多盟军奇迹般地撤出。

六月四日，丘吉尔在下议院通报敦刻尔克撤退成功。此后，丘吉尔发表了这样一段鼓舞人心的演说："我们将战斗到底。我们将在法国作战，我们将在海洋中作战，我们将以越来越大的信心和越来越强的力量在空中作战，我们将不惜一切代价保卫本土，我们将在海滩作战，我们将在敌人的登陆点作战，我们将在田野和街头作战，我们将在山区作战。我们绝不投降，即使我们这个岛屿或这个岛屿的大部分被征服并陷于饥饿之中——我从来不相信会发生这种情况——我们在海外的帝国臣民，在英国舰队的武装和保护下也会继续战斗，直到新世界在上帝认为适当的时候，拿出它所有一切的力量来拯救和解放这个旧世界。"

六月十七日，戴高乐将军抵达英国。第二天，丘吉尔告诉大家："让我们勇敢地承担义务，以至于英帝国和她的联邦在一千年后人们也可以这么说：'这是他们最光辉的时刻。'"

八月，不列颠战役正式打响，英、德空军进行了人类历史上第一次大规模的空战。在此期间，德军每天平均出动飞机一千架次，而英国皇家空军的飞行员们每人每天必须执行三次左右的飞行任务。也许正如丘吉尔赞扬这些空中勇士的话一样："在人类战争的领域里，从来没有过这么少的人对这么多的人做出过这么大的贡献。"

九月七日，德国决定停止空战，改以轰炸伦敦，这给英国一个喘息的机会。从九月七日到十一月三日，每晚，德军以平均二百架飞机的数量连续对伦敦进行轰炸。轰炸头两天，伦敦共有八百多人死亡。丘吉尔几乎每周都亲自到被炸现场视察，他不止一次地在被炸毁的房屋现场流下热泪，而他的人民，在他的带领下，即使家园被毁，即使亲人被夺去生命，他们仍然进行着不屈不挠的斗争。而第二次世界大战中英国人的坚持，对于摧毁纳粹德国的军队，无疑产生了巨大的作用。

在关系民族生死存亡的时刻，临危受命的丘吉尔得到了他的人民的热烈拥护。陪同他视察的战时内阁秘书处军事负责人伊斯梅将军后来回忆说："他们哭喊道：'好心的老温尼，我们想，你是会来看我们的。我们能够经受得住，给他们狠狠地回击。'丘吉尔当众失声痛哭。当我使劲让他穿过人群时，我听到一位老年妇女说：'你看，他真关心我们，他哭了。'他镇定了一下情绪，以极快的速度穿过码头走了。"

为了减轻空袭造成的危害，丘吉尔指示建立了紧急警报制度。他还组织林德曼教授等科学家，运用科学技术，破坏德军的空中攻势。

十一月十四日，德国人轰炸考文垂，这是他们空战的第三步，他们改变了空袭的主要目标，试图摧毁英国工业生产中心。但他们没能实现卑鄙的目的。英国飞机的产量不仅没有下降，在一九四〇年，还以九千二百二十四架对八千零七十架的比数，超过德国。

由于英国人的顽强抵抗，希特勒入侵英伦三岛的计划彻底破产。一九四二年二月十三日，希特勒将轰炸计划完全"搁下来"，不列颠之战以英国人民的彻底胜利而告终。

不列颠之战的胜利，逼使希特勒不得不在东西两线同时作战。随着苏联与美国的加入，第二次世界大战形势完全扭转。最终，纳粹德国以投降告终，战争结束。

在第二次世界大战中，丘吉尔成为英国人民英勇不屈斗争精神的集中象征。后来，丘吉尔当选为保守党领袖时，英国《星期日泰晤士报》这样写道："丘吉尔是我们的秘密武器。在这个伟大的时刻，我们在伟大领袖的英明领导下战斗，感到无比幸福。今天，丘吉尔不仅是英国精神的化身，而且是我们的坚强领袖。不仅英国人，整个自由世界都对他无比信任。"

丘吉尔曾经在一次广播演说中，这样说道："我们将永不停止，永不疲倦，永不让步，全国人民已立誓要负起这一任务：在欧洲扫清纳粹的毒害，把世界从新的黑暗时代中拯救出来。……我们想夺取的是希特勒和希特勒主义的生命和灵魂。仅此而已，别无其他，不达目的，誓不甘休。"在英国处于最危急、最困难的时候，他立下如此坚定、如此高尚的誓言，鼓舞了人们的斗志。第二次世界大战中的丘吉尔所代表的英国精神，仿佛一座巍峨的灯塔，照亮了欧洲人民在反法西斯的伟大斗争中的漫长道路。正因如此，伦道夫·丘吉尔夫人临终前，能够自豪地宣称："我这一生没有什么遗憾：我为英国生下了丘吉尔！"

热血、辛劳、眼泪和汗水——铁腕首相丘吉尔

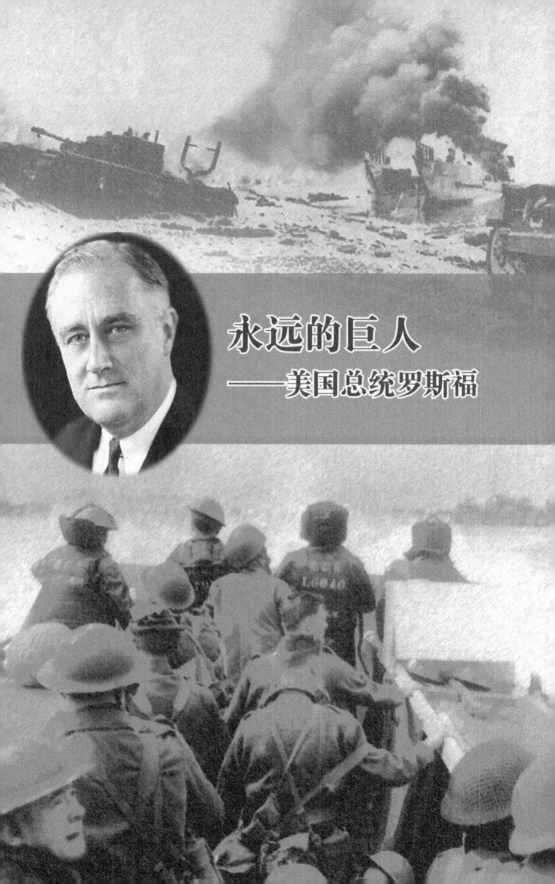

永远的巨人
——美国总统罗斯福

富兰克林·罗斯福，美国第三十二任总统。在第二次世界大战时期，他与丘吉尔、斯大林并称为"三巨头"。在第二次世界大战中，他把持孤立主义的美国变成世界反法西斯主义大联盟的中心，由于他的提倡和支持，美国为盟军提供各种武器、弹药、重要物资支持。在纳粹德国灭亡的过程中，美国发挥了巨大作用。

如今，战争的硝烟已经逐渐散尽，翻开那段历史，我们发现，这位总统的确称得上"巨人"。是他，成为迄今为止美国历史上唯一的一位残疾人总统，并树立了一个坚忍、机智、奋斗不息的形象；是他，实行罗斯福新政，把美国人民从苦难和经济大萧条中拯救出来，建立了福利国家模式；是他，促使真正意义上的现代美国社会出现。他甚至还打破了美国总统不能连任两届以上的惯例，他的总统任期长达十二年，可说是创造了美国政坛前无古人后无来者的纪录。

这位伟大的总统，至今仍受到他的人民的尊敬与热爱。人们经常拿他与乔治·华盛顿、亚伯拉罕·林肯等美国著名总统相提并论。在一九五〇年哈佛大学的一次问卷调查中，有一个评选美国历史上最杰出的总统的问题，罗斯福排名第三，仅次于林肯、华盛顿；而他，确实也对得起这番殊荣。因为，他不仅属于美国，他也属于世界。正是他让美国成为坚定的反法西斯主义国家。从某种意义上来说，他是美国及世界的"救星"……

幸福的生活

在纽约州，有一处叫作哈德逊河河谷的地方。这里树木葱郁，土地肥沃。在河谷东岸的高地山丘上，有一幢气势不凡的美丽楼房，那是海德公园村罗斯福家族的宅第。

罗斯福家族是当地的名门望族，威望颇高。在南北战争前夕，罗斯福家族的大家长艾萨克·罗斯福成为废奴运动的支持者，他的住所曾经是南方黑奴逃往加拿大的"地下据点"。

艾萨克的第二个儿子詹姆斯·罗斯福就是大名鼎鼎的富兰克林·罗斯福总统的父亲。詹姆斯从父辈那里继承了一笔数目相当可观的遗产，在哈德逊河流域拥有一块大约二百公顷的土地。詹姆斯是一个优秀的商人，他是德拉韦尔—哈德逊运河公司的副董事长和几家较小的运输公司的董事长。

詹姆斯的第一任妻子早逝。后来，在亲戚西奥多·罗斯福家中举办的一个小型晚宴上，他遇见了美丽窈窕的萨拉·德拉诺。萨拉·德拉诺自幼生活在优雅舒适的环境中，受过良好的教育，雍容华贵，落落大方，十分熟悉美国上流社会的生活。詹姆斯对她一见钟情，展开了热烈的追求。一八八○年十月，两人举行了婚礼。这一年詹姆斯五十二岁，萨拉·德拉诺二十六岁，她带来了一百多万美元的嫁妆。

在婚后的第三年，也就是一八八二年一月三十日，富兰克林·罗斯福诞生。尽管詹姆斯·罗斯福和前妻也养育了几个孩子，但是晚年得子，心情自然不同。

富兰克林有着蓝色的大眼睛，金色的卷发，鼻梁端正挺拔，经常穿着德拉诺家族沿袭下来的苏格兰式横褶短裙和黑色天鹅绒童装，十分英俊、神气，很惹人喜爱。

小小的富兰克林过着非常幸福快乐的生活，自幼他就生活在罗斯福家族舒适的住宅中，旁边就是环境优美的海德公园。童年时期，富兰克林不但有父母的百般疼爱，比他大二十八岁的同父异母的大哥罗西也十分爱护他，常给予他父亲般的呵护。在家人、伙伴的陪伴下，富兰克林的童年阳光灿烂。

富兰克林七岁的时候，父母开始为他聘请了私人教师。老师们教他学习语言、历史及小学课程。在母亲和老师的指导下，富兰克林开始阅读大量的书籍和杂志。他尤其喜欢读马克·吐温的作品。

一八九六年，十四岁的罗斯福进入由思迪科特·皮博迪博士创办的格罗顿公学，开始了寄宿生涯。

格罗顿公学来头不小，劳伦斯、约翰·P.摩根、菲利普斯·布鲁克斯等工商金融界的巨头是学校董事会的成员。与一般的学校不同，它类似英国上流社会中专门为贵族子弟进入名牌大学作准备的预备学校。学校规模不大，仅有一百五十多名学生，学制六年，只收男生。收费十分昂贵。据当时统计，格罗顿公学六个班级的学生中，有九成以上出身于美国上流社会家庭。因此，早在儿子两岁时，詹姆斯·罗斯福就为他在该校注册了。

格罗顿公学校长皮博迪的教育思想很有美国思维特色，他所关心的是如何培养一个"能行动、有信仰、思想健全的人"，而不是整日冥思苦想、静坐书斋的学者。他希望格罗顿公学的这些富家子弟将来成为社会的栋梁之材。皮博迪充满热情，具有献身精神，每天，他认真地巡视课堂和宿舍，睡觉前都要跟一百多名学生一一握手道晚安，嘴里还不停地宣讲着基督教义。

皮博迪校长认为，一个人在获得受教育的优先机会的同时，也意味着他们负有为祖国服务、为不够幸运的同胞们谋取福利的义务。皮博迪长期从事社会福利公益活动，格罗顿公学一直为穷苦的孩子们举办夏令营。皮博迪付出巨大努力，教诲他的学生们牢记人间疾苦，教导学生要同情弱者、帮助弱者。

杰出的博士校长的人格魅力在每一个格罗顿公学的学生身上都打下了或轻或重的烙印，罗斯福也不例外。罗斯福虚心地接受着校长的这些训导，并将其中的很多内容变成自己人生的信条。可以认为，皮博迪对罗斯福少年时期世界观的形成具有重要作用。他从皮博迪那里所学到的，就是坚定认为拥有特权的美国人必须负起责任，在解除国内和国际间的疾苦中起作用。事实上，罗斯福对于美国下层社会的关心，正是在格罗顿公学时期形成的。皮博迪和格罗顿公学帮助罗斯福形成了他对社会问题的基本看法。因此，在一九三四年，罗斯福回忆说："在我的一生中，除了父母之外，皮博迪博士对我的影响和将要给我的影响比其他任何人都大。"

格罗顿公学重视培养学生的政治素质。皮博迪校长要求教师在各种场合对学生进行献身政治的劝勉。罗斯福在格罗顿学到的一项政治技巧就是有力的辩论术。格罗顿公学的学生经常就"夏威夷应归并美国"、"菲律宾应该独立"以及社会改良等议题，分成正反两方，展开辩论。在六年级的学术辩论会上，罗斯福就已经掌握了一些辩论的窍门，成为一位优秀的辩手。

格罗顿公学开设有一门"政治经济学"的课程，讲授的内容多是戴维·李嘉国、约翰·穆勒、尚-巴蒂斯特·扎伊尔、托马斯·马尔萨斯等著名经济学家的经济观点。这门课程注重课堂讨论，老师经常让学生讨论"银与金的比较"、关税问题等。这些讨论有很强的现实针对性，对少年罗斯福颇有启发。

在学校里，罗斯福的学习成绩并不优秀。在学校学习的头两年里，他各科成绩平均只是 C（为不及格），后两年，他也只是勉强地把成绩提高到了 B。

虽然成绩并不是那么理想，少年罗斯福的品格却得到了人们的赞扬。由于从小生活在父母的全方位保护之下，刚进校时，罗斯福有些不太合群，但他很快就克服了一般的插班生因为突然面对完全不同的环境而容易产生的羞怯、焦虑等不适应的症状。在同学们看来，他"沉着、冷静、聪明，脸上总是挂着热情的、友好的和体谅别人的微笑"。老师们很喜欢这个一言一行均完全符合格罗顿学校的传统规范的学生。在进校第二年，他还获得了"严格守时奖"。皮博迪校长告诉罗斯福的父母："在我的印象中，他是个聪明和诚实的学生，也是个好孩子。"

一九〇〇年六月，十八岁的罗斯福结束了在格罗顿公学的学习生活。皮博迪校长在他的毕业证书上写道："他是个诚实的学生，他在集体中的表现是非常令人满意的。"

毕业典礼当天，罗斯福的远房堂叔西奥多·罗斯福州长应邀参加典礼，他给毕业生们作了一场鼓舞人心的演说："……一个人只要有勇气、有善意、有智慧，那么他所成就的事业即是无限的。而当今我国政治正需要这种人。"自此，罗斯福近乎崇拜英雄般地崇拜堂叔。西奥多·罗斯福成了罗斯福最初的实际上的政治启蒙者。

其实，少年时期，罗斯福是听着西奥多·罗斯福的传奇故事长大的。一八九八年，美西战争爆发，西奥多·罗斯福组建了一个志愿骑兵团，在波多黎各同西班牙军队作战，声名大震，赢得了公众的广泛支持。当西奥多·罗斯福第一次见到罗斯福的时候，他对罗斯福说了一句话，这句话成了罗斯福一生的座右铭，他说："一个人只做到行为端正是不够的，一个要想赢得社会尊重的人，还必须积极、勇敢。"西奥多·罗斯福的话、西奥多·罗斯福在政治上的成就，都大大触动了年轻的罗斯福的心。

顺利的岁月

从格罗顿公学毕业后，罗斯福遵照父亲的意愿，进入哈佛大学攻读法律。这年，他七十二岁的父亲去世，为他留下了十二万美元的丰厚遗产。

当时，哈佛大学学术名流云集。罗斯福的老师中就有美国历史边疆学派的创始人弗雷德里克·J. 特纳教授，心理学和实用主义哲学权威威廉·詹姆斯教授，经济学家艾布拉姆·安德鲁教授等。

罗斯福的兴趣主要集中在社会科学方面，他选修了十几门历史课和大量的政治学、经济学方面的课程。这些课程有：美国政治、立宪政治、国际法、国家法、欧洲史、英国史、美国史、货币法规以及与金融、运输和企业等方面有关的古典经济学课程。这些课程很适合培养一位未来的政治家。在第一学期，罗斯福学习了穆勒的"经济学原理"。第二学期，他学的是国际贸易与关

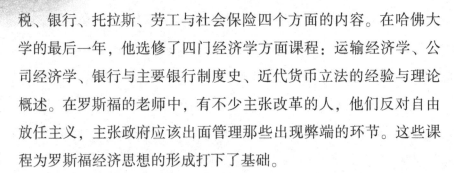

税、银行、托拉斯、劳工与社会保险四个方面的内容。在哈佛大学的最后一年，他选修了四门经济学方面课程：运输经济学、公司经济学、银行与主要银行制度史、近代货币立法的经验与理论概述。在罗斯福的老师中，有不少主张改革的人，他们反对自由放任主义，主张政府应该出面管理那些出现弊端的环节。这些课程为罗斯福经济思想的形成打下了基础。

大学时代的罗斯福的学习成绩并不突出，但他热衷于社会活动。在哈佛，他当上了校刊《绯红报》的编辑。富兰克林·罗斯福甚至还一度参加了哈佛共和党人的俱乐部。在大学临近毕业的时候，罗斯福还以三分之二的票数当选为优等生委员会常务主席。

一九〇四年，罗斯福进入哥伦比亚大学法学院。一九〇五年三月，罗斯福宣布与安娜·埃莉诺·罗斯福订婚。埃莉诺属于罗斯福家族的奥伊斯特湾支系，是西奥多·罗斯福的弟弟埃利奥特和安娜·R. 霍尔的女儿。这一年的三月十七日，两人举行了婚礼。西奥多·罗斯福参加了他们的婚礼，总统的莅临引起了全国对婚礼的关注。结婚仪式显得非常隆重，罗斯福发现，大多数人都是因总统而来。

一九〇七年，罗斯福从法学院毕业，进入了坐落在华尔街五十四号著名的米尔本律师事务所，在这里充当一名初级书记员。

在事务所的最初两年，他只能在办公室打杂，偶尔受理一些小官司。他也打赢了一些小官司。经由诉讼案件，经由在事务所里接触的形形色色的人，罗斯福开始深刻地认识了自己的国家。

此后的六年时间里，罗斯福过着一种平静的生活。在海德公园，他还承担了一些义务工作，参加了志愿消防队，成为了一名义务消防队员，担任了哈德逊河水上游艇俱乐部副主席和圣詹姆斯主教派教会的教会委员。此外，他还成为波基普西第一国民银行的董事。通过参加这些活动，罗斯福开始掌握与各阶层人士打交道的技巧。在小区中，他赢得了良好的口碑，正是这些为他日后在这个小区竞选某个职位打下了基础。

漫漫政坛路

一九一九年的春天，纽约州达切斯县的地方检察官约翰·E·麦克来到罗斯福就职的律师事务所处理一件事务。在与罗斯福的闲谈中，他建议罗斯福去做一名纽约州议员的竞选候选人。

罗斯福听从了建议，报名参加竞选。罗斯福的家族地位为他踏上政治旅途提供了一块敲门砖。几天后，波基普西选区的民主党领导人完成了对罗斯福的审查，他被正式提名为州参议员候选人。

罗斯福在竞选中下了很大工夫。他带着随行人员驱车奔驰在乡间田野。他对选民们作了无数次演说。他学会了美国政治家们的经验和手法，他笑容可掬，他奉承选民，想办法让自己的观点迎合听众，他以笼统的谴责来回避尖锐的分歧……一九一〇年十一月，罗斯福以微弱优势战胜对手。此时，罗斯福年仅二十八岁，他对前途充满了信心。

一九一一年秋天，罗斯福拜访了纽泽西州州长威尔逊。当时，威尔逊正在准备争取总统提名的竞选活动。这位政治学博士、教授、大学校长在第一个官职任期内，赢得了"全国最进步州长"的声誉。罗斯福见到威尔逊以后，立刻被威尔逊的博学、理智、善辩的风度折服。罗斯福发现，自己很多思想与威尔逊相同。于是，与当时许多青年进步派分子一样，罗斯福成了威尔逊的积极拥护者。他许诺要尽一切力量支持威尔逊的竞选活动。此后，他组织了一些声援活动，营造一种有利于威尔逊的氛围，如设立威尔逊讨论会总部和威尔逊俱乐部，组织演说和示威游行，鼓动家乡人以电报信件的醒目方式敦促其各自代表提名威尔逊……一九一二年六月下旬，在民主党全国代表大会中，威尔逊在第四十六轮投票时大幅度领先对手，当选为民主党总统候选人。

一九一二年底，罗斯福再度当选为纽约州参议员。两年半的纽约州参议员经历对年轻的罗斯福而言，是一次全面深刻的政治教育。他学会了怎样与政治人物打交道；怎样才能吸引公众；如何回复那些缠扰不休的信件；怎样才能避免在有争议的尖锐问题面前明确表态；怎样避免卷入那些足以毁灭他的政治前程的纠纷等。经过这一系列实战操作，他开始形成了一些自己的政治哲学。

一九一二年，威尔逊在总统大选中获胜。作为回报，威尔逊政府任命富兰克林·罗斯福为助理海军部长。在此后长达七年的助理海军部长生涯中，罗斯福有得有失。

一九二〇年，美国面临着第一次世界大战后的第一次大选，民主党处境维艰。罗斯福在副总统的竞选中失败。在三十八岁那年，罗斯福再度成为普通公民。

实力雄厚的马里兰信托储蓄公司主要从事证券发行的担保和海外投资等业务，他们在纽约开设了分公司。落选后的罗斯福担任了这家分公司的经理，年薪丰厚。同时，他又重操旧业，在华尔街五十二号开设了罗斯福律师事务所。在此后的八年中，他从事着各种各样的商业冒险活动，但绝大部分都以失败告终。

　　一九二二年，罗斯福担任了美国建筑委员会的主席。该委员会是按照商务部长胡佛的企业自动调节理论建立起来的建筑行业组织。该委员会下辖全国二百五十个建筑行业组织，成员有建筑商、建筑师、工程师和建筑行业工人。胡佛亲自主持了挑选罗斯福出任主席的会议。而在当时，建筑业因牟取暴利、工程舞弊、质量低劣、价格昂贵等诸多问题受到公众的指责，人们纷纷要求对建筑业的内幕进行调查。罗斯福在担任主席期间，依据反垄断法，成功地对一些建筑行业协会进行了起诉。他提倡在建筑业中提供平等的就业机会，主张提高建筑工人的社会地位，恢复行会精神。在他的努力下，建筑行业的改革显得卓有成效。

坎坷的道路

　　在竞选副总统失败之前，罗斯福的人生道路可谓一帆风顺，即使在政坛失意之后，这位含着金汤匙出生的英俊绅士也没有受到多大的打击。比如，他有丰厚的家产、幸福的家庭，甚至还有红颜知己的陪伴。对于罗斯福来说，自己的人生还是相当惬意的。然而，如此美丽的人生，却能在一天之内，风云突变。

　　一九二一年八月，纽约市艳阳高照，热浪袭人。罗斯福的朋友邀请罗斯福全家乘坐他的豪华游艇，去坎波贝洛度假。罗斯福在捕鱼时，掉进了冰冷的水中，冻得浑身发抖，过了很久才恢复过来。八月十日清晨，罗斯福夫妇又带着孩子们乘着自己的单桅小帆船在芬迪湾一带游玩，大儿子詹姆斯发现附近小岛的树林起火，罗斯福全家就一起赶去扑火。两个小时后，火被扑灭。大家汗流浃背，累得精疲力竭，全家就到附近的一个湖里去游泳。湖水冷得刺骨，罗斯福赶紧上岸，穿着湿透的泳衣与大家一起回家了。回家以后，罗斯福忽然感到很不舒服，于是早早上床休息。

最初，大家都以为罗斯福只是普通的着凉，没有怎么在意。不料，罗斯福第二天却病情恶化，高烧不止，背部和双腿剧疼。医师诊断是重感冒，并让他卧床休息。到了第三天，罗斯福的腿不能动弹了。家人请来了正在附近度假的费城名医 W. W. 基恩博士，老医师诊断罗斯福是下肢形成血栓或是脊髓受伤，并提出了强力按摩的处置意见。此后，罗斯福的病一直没有好转。

八月二十五日，世界一流的专家罗伯特·S. 洛维特为他做出了正确的诊断：罗斯福患了脊髓灰质炎。脊髓灰质炎又叫作小儿麻痹症。这种疾病是由脊髓灰质炎病毒引起的急性肠道传染病，多发生在夏秋季节。患者在多汗发热、周身疼痛几天后，病毒侵入了相应部位的神经组织，病人常常手足软绵无力，无法行动。严重的病毒可以侵入患者的脑神经，导致面瘫、吞咽和呼吸困难，甚至还会危及生命。不过，这种疾病的患者绝大多数是小孩子，极少数成年人也会因为没有获得这种病毒的免疫力而患病，罗斯福不幸成为其中的一员。纽约长老会医院的两位大夫做出了最后的诊断——两腿的肌肉和神经已被破坏，两腿完全瘫痪，伴有向上蔓延的症状，他的背部肌肉也可能萎缩。从此，罗斯福的人生不得不与轮椅为伴。

在妻子埃莉诺和医师们的精心照料下，经历了最初的沮丧和失望之后，罗斯福开始变得愉快起来。疾病没有摧毁罗斯福奋斗的决心，他并不甘心从此开始隐退。因此，他忍着肉体和精神上的极大痛苦，接受了一个又一个的治疗措施。很快的，他学会了如何操控轮椅，如何移动身子。每天，他都会连续几小时锻炼身体。后来，医师为他的双腿配了支架，绑在大腿和小腿上。这种支架用钢管和橡胶制成，在膝盖处有一个特殊的设置，当他被搀扶起来时，在支架上插上销子，支架就能保持固定。这样，罗斯福就可以撑着丁字形拐杖，一步一步地移动。

　　一九二四年秋，皮博迪写信告诉罗斯福，说他在乔治亚州有个荒废的温泉疗养所，温泉的水富含矿物盐，能轻易地把人体浮起来。罗斯福来到乔治亚州疗养，在那里，他按照医师教给他的方法，每天游泳和进行日光浴。在温泉疗养一个多月后，他的脚趾再度有了感觉。有两名记者访问了罗斯福，然后以《游泳恢复健康》为题报道了这个消息。于是，一九二五年，大量小儿麻痹症患者来到温泉，罗斯福热情地帮助他们。罗斯福甚至还邀请了一个医学专家小组，研究能否把温泉作为脊髓灰质炎治疗的秘方。经过专家们仔细的研究，罗斯福得到了肯定的答复。于是，他用近二十万美元的巨款买下了温泉和其他设施在内的大片土地，改造出一个温泉疗养所。他挑选了医务人员，对一百五十多名小儿麻痹症的患者进行治疗。

　　罗斯福此举意义重大。随着温泉疗养所的声名远播，在美国人心目中，对脊髓灰质炎进行不屈不挠战斗的罗斯福成为了一位英雄。人们评论说："他那残废的双腿实际上已成为他的一种政治财产了。它们为他赢得了同情，否则，他就可能得不到这种同情。在以后的岁月里，千百万美国人为罗斯福在公众场合露面而深受震动——为他那紧张、痛苦而笨拙地移向舞台中心的样子，为他周围的助手和政客们的忙乱，尤其是为罗斯福容光焕发的微笑和刚劲有力的手势所深深震撼。"

　　除了疾病袭击的最初几个星期外，罗斯福一直没有停止他的政治活动。他的妻子埃莉诺为了帮助丈夫，为了使罗斯福的名字能够时刻闪耀在政治地平线上，她走出了家庭圈子，开始走向了社会前台。埃莉诺为此学会了速记、打字、开车和演说。她加入纽约州民主党委员会的妇女工作部，并当上了财务委员会主席。她参加了妇女工会联盟，在支持民主党的妇女选民中赢得了好感。她成了罗斯福的助手、耳目。也正是由于这些努力，埃莉诺后来成为美国历史上第一个在实质问题上具有影响力的第一夫人。

在患病的一个多月后，罗斯福接受了纽约州民主党执行委员会的委员职务。一九二二年，在艾尔弗雷德·E. 史密斯重新当选纽约州州长的竞选中，罗斯福起了重要的作用。

一九二四年六月二十四日，在纽约州麦迪逊广场花园召开的民主党全国代表大会上，富兰克林·罗斯福在大儿子詹姆斯的搀扶下，撑着拐杖，缓缓地走上了讲台。罗斯福的身影抓住了现场所有人的目光，吵闹的大厅顿时一片寂静。上台以后，罗斯福开始了他自患病以来的第一次极为重要的演说："我真诚地请求大家克服分歧，加强团结，我们要牢记亚伯拉罕·林肯的话，'对任何人都不怀恶意，对任何人都充满友善'……"复出后的罗斯福的表现无懈可击，演说精彩动人，演讲获得了空前成功。

一九二八年，在全国代表大会召开之后，民主党的领袖们开始为提名罗斯福竞选纽约州州长作准备。十月十七日，他正式接受了提名。从此，罗斯福每天乘汽车到全州各地作巡回演说。在长达三周的竞选活动中，针对养老退休金法、普及教育、农场救济计划、种族和宗教偏见、每周四十八小时工作制、卫生计划、劳工问题等众多问题，罗斯福均作了广泛的演说。由于准备的资料十分丰富，而罗斯福的演讲又极为精彩生动，他的演说大受广大民众的欢迎。

十一月七日凌晨，在总共四百二十多万的选民中，罗斯福以比对手多二万五千五百六十四票的微弱优势险胜。此后两年，他常常以"0.5%的州长"自称。一九二九年元旦，四十七岁的富兰克林·罗斯福成功入驻设在奥尔巴尼的纽约州州长官邸。

前任州长史密斯为罗斯福留下了一个工作效率很高的行政体制，但罗斯福仍决定为它注入新的活力，使它成为一个具有明确目标，旨在推动进一步改革的专家型政府。他的政府中人才济济，有在立法法案委员会供职三年的罗森曼，有曾先后十年担任过州工业委员会委员和主席的弗朗西斯·帕金斯，有研究公共事业管理的哥伦比亚大学的里兰·奥尔兹，有哈佛大学的法学专家费利克斯·弗兰克福特……甚至连弗兰克·沃尔克、威廉·H.伍丁、亨利·摩根索等美国经济圈的风云人物也都成为他的财政问题顾问。

罗斯福的州长任期并非常人想象的那么轻松，他必须为他任内的州政府树立一个不被党派斗争要挟的，能够直接面对人民的公正形象。由于罗斯福的对手共和党在议会中占了绝大多数席位，他的工作开展得非常不顺利。在"行政预算案"修正问题上，罗斯福与共和党人展开了首轮交锋，最后他不得不上诉到纽约最高法院，在法庭上争取自己的胜利。罗斯福还让民主党向全州所有电台都购买了每月一个小时的广播时间，在农业政策、劳工立法、公用事业、监狱体系的改组、自然资源保护等方面，他通过无线电广播向全州人民进行一系列不拘形式的谈话，以民意来压制对手。罗斯福以平和、坦承、直率的姿态影响打动了广大选民的心，提高了自己的声望。他更加广泛地在州内巡回视察，发表政见——所有的这些努力都为他竞选连任州长打下了基础，后来，罗斯福以超出对手七十二万张选票的绝对优势再次当选纽约州州长。

入主白宫

罗斯福担任州长期间，国内天下太平，经济欣欣向荣。总统胡佛以争取"更大的繁荣"为口号赢得了竞选。

美国人深信，在胡佛的带领下，美国会像过去八年一样发展，他们很快就将目睹贫困远离这个美丽的国度。以胡佛上任为信号，美国各大证券交易所的股票行情掀起了历史上的第二个新高潮。在胡佛就任总统的前半年内，普通股票平均价由年前的一百一十七猛涨到二百二十五，证券经纪人在红利的鼓舞下纷纷增加其银行借贷，股票证券的制作与分配成为当时重要的热门行业。几乎一切企业指数如工厂就业率、建筑合同数、银行贷款额等都在持续高涨之中。美国全国上下都淹没在如罗斯福所言的"虚假繁荣"的巨大泡沫之中。

一九二九年十月二十四日，纽约证券市场出现了坍塌，几十种主要股票价格垂直狂跌，绝望的人们开始疯狂地抛售股票，当天，一千二百八十九万股股票易手。十月二十九日，崩溃的高潮到了，这一天的疯狂交易以一千六百四十一万股的最高纪录而收盘。根据《纽约时报》的统计，当时，五十多种主要股票的平均价格几乎都下跌了四十点。与此同时，在外国股票交易所、谷物市场，价格也纷纷惨跌。十一月中旬，股票价格又一次惨跌。

事实上，这次股票的暴跌只是一个开始，其带来的是美国经济全面而持续的衰退。在此后长达三年多的时间里，金融业、商业、工业的指数依次猛烈下降，作为经济繁荣的支柱产业如钢铁、汽车、建筑等行业的衰退情况更是惊人，许多企业破产、消失。农民的总收入下降了百分之五十七，失业人数最多时高达一千五百万人。

专家们认为，1920年代的"新时期繁荣"没有扎实的基础，它是"建立在第一次世界大战废墟上的用旧纸牌搭起的房子上"。"新时期繁荣"隐含着许多足以危害经济的因素，如钢铁、汽车、房地产等产业发展突飞猛进，而采矿、棉纺、造船、铁路运输及设备、制革等严重滞后；农产品价格和农业收入急剧下降；因资本累积与资本集中速度过快，而生产能力不能充分利用，大量资本进入投机市场，成千上万的人们集中精力进行股票投机，整个信贷业务和投资交易充斥着公开的腐化与堕落……

严重的经济大萧条引发出人民消沉、不满、失望、怀疑和愤怒等情绪，人民渴望"救世主"的到来。一九三〇年，国会选举，民主党取代了众议院里的共和党多数，共和党在参议院的多数席位也减少到了最低限度。原来支离破碎的民主党组织开始重新活跃起来。其实，一九三〇年罗斯福竞选连任州长的获胜，也是他有效地利用这种形势的结果。

经济大危机开始以后，罗斯福州长开始采取了全国为之瞩目的改革措施。一九三〇年三月，罗斯福号召州政府要竭尽全力地帮助提高就业率，他提议建立一个紧急救济失业委员会；他提交州议会通过了一项限制法院干预劳资冲突的法令，率先赞成把强制性失业保险作为一种实际上的救济方式；扩大公共事业的建设力度（如大规模的造林计划）……

一九三一年八月，州议会批准罗斯福的提议，成立了临时紧急救济署（简称 TERA）。该机构掌握着一笔大约三千万美元的经费，州里大约有一百多万人的生活靠它照顾。失业救济计划规模之大，措施之激进，在美国各州中是空前的。当时，尽管纽约州百分之十以上的居民平均每家每月只能得到二十三美元的救济款，但这些钱已经能够让他们免于饿死。TERA 的名称及其所作所为经常见诸全国主要报刊，因而在美国人民中间产生了巨大的心理倾斜，纽约州一跃成为全美国有效对付大萧条的典范，罗斯福州长的勇气与魄力吸引了沮丧而绝望的人们。

罗斯福州长对付大萧条的举措及其轰动效应使参加一九三二年总统竞选的罗斯福处于极其有利位置，一个要求罗斯福竞选总统的运动就在全国兴起了，"罗斯福之友"作为一个新的俱乐部组织出现在纽约市，并且很快在全国其他州发展到了五十多个。

一九三二年一月二十三日，罗斯福正式宣布他将作为民主党总统提名的候选人参加总统竞选。经过罗斯福的多方努力，一九三二年六月底，在民主党全国代表大会的选举结束后，罗斯福最终当选为民主党总统候选人。七月二日，罗斯福发表著名的关于新政的演说，在演说中，他叙述了作为一个拥护自由主义的进步政党，民主党在历史上所起的作用；他回顾了美国 1920 年代的经济，斥责在应付危机方面，执政的共和党的无能；他简述了为渡过难关，他和民主党准备的复兴计划。他满腔激情地告诉他的听众："人类从每一次危机、每一次劫难、每一次灾祸中获得新生时，知识会变得更加广泛，道德会变得更加高尚，目标会变得更加纯洁。今天，是一个思想涣散、道德堕落、自私自利的时代……我们不要只是责备政府，也要责备我们自己……我向你们保证，我誓为美国人民实行新政。让我们在此聚会的人都成为未来那种富有成效和勇气的新秩序的倡导者。这不仅是一次政治竞选活动，也是一次战斗的号召。请大家帮助我，不仅是为了赢得选票，而且是帮助我在这次'十字军远征'中获胜。"

从此，作为罗斯福施政纲领的鲜明标志，"新政"一词闯入了美国人民的视野。事实上，从罗斯福宣布竞选总统提名开始，他的那个由专家学者们组成的"智囊团"就开始拟定"新政"政纲，"参考了上千种书籍，借鉴了大量以往政治经验"。正因为如此，在当时，只有罗斯福能够拿出一份可以与经济大萧条作斗争的建设性的施政纲领。也正是如此，罗斯福才能够打败众多对手，入主白宫。

一九三三年三月四日中午，新总统就职仪式开始。当国会山上的大钟敲响了正午十二点的钟声以后，富兰克林·罗斯福正式成为美国第三十二届总统。

总统宣誓仪式过后，罗斯福发表了他就任后的第一次演讲。他在演讲中许诺，新政府的首要任务是给人民工作机会，这可以像战时紧急状态那样，由政府直接招雇。其次要提高农产品价格和购买力；坚持由联邦和各级地方政府采取行动统一管理救济工作；把一切形式的交通运输和其他属于公共事业的设施归入国家计划和监督之下；严格监督银行储蓄、信贷和投资活动；在对外政策方面，美国将奉行睦邻政策——尊重自己，但也尊重邻国权利；履行与所有邻国和全世界各国协议规定的神圣义务。就职演说取得了巨大的成功，仅仅周末一天，就有近五十万封祝贺信飞进了白宫。

罗斯福新政府上台以后，正如总统在就职演说中所承诺的那样，立即采取了切实的行动。

针对金融方面的社会问题，罗斯福指示财政部长威廉·伍丁起草了紧急银行法案。三月五日下午，罗斯福连续发布了两条总统通令——要求国会于三月九日举行特别会议，宣布全国银行休假四天。这是政府重整财经结构的第一步。随即，根据紧急银行法，财政部迅速采取行动，对全国的银行展开了全面的检查和整顿，那些经审核、鉴定为合格的银行在三月十三日得以重新开业，其余的银行则依据健全程度，进行清理、整顿、关闭或淘汰。在政府大刀阔斧的改革和采取积极的经济措施以后，几天内，各州的联邦储备银行回笼了约值三亿美元的黄金和黄金兑换券。以此为储备，银行又可以印制发行七点五亿美元的新钞票。商业市场开始活跃起来。不到一周，纽约股票价格上扬了百分之十五。不久，银行存款额超过了提取额，金融恐慌过去了。

在短短八天的时间中，罗斯福凭借他的行动，使民气重振，全国上下掀起了歌颂罗斯福的热潮。《纽约时报》评价说："从来没有哪一个总统能在如此短的时间里叫人觉得这样满怀希望。"

防御性的临时应急措施奏效以后，罗斯福和他的政府班子开始全面整治大萧条，主要是从金融、农业、工业等方面着手，效果显著。

罗斯福政府的一个重大举措，就是联邦救济工作。一九三三年五月十二日，罗斯福签署了国会通过的《联邦紧急救济法》，依照该法成立联邦紧急救济署，拨出五亿美元作为对各个州的紧急救济金。州、市每开支救济费三元，联邦政府补贴一元。十一月初，罗斯福发起巨大的以工代赈紧急救援计划，以救济广大失业者及其家庭。四百万失业者投入联邦的各种工程计划中，如修整公路、沟渠、园林、运动场、停车场以及改建、安装煤气和自来水设施。在三个半月内，共兴建和扩建学校四万所，铺设污水管道一千二百万英尺，建设机场四百六十九个，扩建五百二十九个，修理和建造公路二十五点五万英里，兴建和修整操场和运动场三千七百个。以工代赈不同于纯粹的施舍，这种工作可以维护工人的自尊心，防止他们精神上的颓废。

在总统任期内，为了对付经济大萧条，罗斯福行事雷厉风行，处事极富策略性，他几乎支配了国会。他总是善于选择有利的时机，持续不断地给国会施加压力；当然，他很明白何时该适可而止。他还会直接向人民摊牌，以"诉诸全民公决"的形式迫使国会让步。而这些，都敦促国会通过了大量的可载入立法史册的提案。可以说，罗斯福最大限度地利用了宪法中正式规定给他的权力。在罗斯福那里，美国宪法中关于总统的权限和义务得到了充分而广泛的阐释。根据法律授予的权力，罗斯福建立了总统行政办公室，内设预算局和全国资源计划委员会，他还增加了白宫办事人员，建立了行政部门内部独立审计的制度。这些都增强了总统的权限。联邦中央政府的集权色彩日益浓厚，国内各类反对派借此攻击说，罗斯福会像欧洲大陆上的那些独裁者一样，成为美国的独裁者。

整个三十年代，自由和民主能否在现代世界存续下去已成为一个大问题，欧洲大陆的独裁者们咄咄逼人，日本军国主义在太平洋地区早已开始了他们的侵略步骤。美国人民也担心民主政体会被独裁吞噬。针对反对派的攻击，在一九三八年四月十四日的"炉边谈话"中，罗斯福严肃地声明，自己不具备一个成功的独裁者应有的素质，也不打算成为一个独裁者，他说："历史证明，独裁不产生于坚强有效的政府，而产生于软弱无效的政府。如果人民通过民主方法建立一个坚强得足以保护他们免除恐惧和饥饿的政府，则民主就是有效的……自由得以继续存在的唯一确实的屏障就是一个坚强得足以保卫人民利益的政府，以及坚强而又充分了解情况足以对政府保持至高无上统治的人民。"

对抗法西斯

美国国父华盛顿曾谆谆告诫美国人要遵守这样一条准则："不要把美国的和平与繁荣卷入欧洲的野心争夺，不要把美国的命运与欧洲任何一国或者一部分团体的命运纠缠在一起。"美国历史上另一位著名总统约翰·亚当斯也说了一句有关孤立主义的经典名言："美国用不着到国外去搜寻怪兽并将其消灭。"

一九三三年三月四日，富兰克林·罗斯福宣誓就职。第二天，在德国举行的最后一次自由选举中，希特勒和他的纳粹党获得了压倒性的胜利。几乎在同一段时间，强占台湾近四十年的日本军队，又再度兵临中国的长城脚下。地球上狼烟四起。在欧洲战云密布，法西斯主义的阴影笼罩于地球上空时，美国人却保持着孤立主义的态度。绝大多数美国人对如何阻止和打击德、意、日法西斯势力漠不关心，他们反对美国卷入欧洲战场。宾夕法尼亚州州长乔治·厄尔甚至宣称："让我们把眼睛转向国内。如果世界将变成一个荒芜、仇恨和苦难的原野，那就让我们更加坚定地守护和保全我们自己的自由绿洲。"

美国与欧洲大陆之间隔着浩瀚的海洋，当时，美国人出国要坐远洋轮船，从纽约到欧洲最快也要十天，从美国到日本最少要耗费半个月的时间。横渡大洋实属不易，天然的屏障给美国人一种保守、自重的心理。他们深信，战争不会波及美国。美国人反对卷入欧洲战争，他们害怕欧洲不顾美国利益把它拖入又一次的战争；他们害怕战争最后将把美国的民主制度拖垮，因此，美国国内大多数人坚决反对美国卷入国际纠纷，国会、内阁甚至罗斯福身边的顾问中的孤立派还极力阻挠罗斯福可能迎击法西斯势力扩张侵略的活动。当时的民意调查结果显示，美国百分之九十的民众都认为美国不应该介入别国的战争。

在第二次世界大战爆发以前，罗斯福曾经呼吁希特勒不要进行侵略战争，他列了三十一个国家的名单，希望希特勒不要侵略这些国家，其中包括波兰、捷克和奥地利等。但是，罗斯福的呼吁遭到了希特勒的讽刺。希特勒说："罗斯福先生，我帮你问过了，令你失望的是，你所开列名单上的三十一个国家，没有任何一个国家说他们受到了德国威胁。……美国是富国，我们是穷国，我们是两个根本对立的阶级。我们永远不能与你那个世界取得什么和解，我们德国可以击败世界上任何一个强国。"

一九三五年，罗斯福希望可以获得总统灵活应对的外交权限，以惩罚意大利，并借此向德、日两国示威，表示美国将与其他民主国家一起，反对任何形式的地区侵略。然而，参议院仅仅经过二十五分钟的讨论，就一致投票通过了一项妥协法案。该法案规定，美国对一切交战国实施武器、弹药和军需品的强制性禁运；禁止美国船只给交战国运送军火；不保护乘坐交战国轮船旅行的美国人；建立一个军火管理委员会，以监督从美国运出的武器；禁止给交战国贷款。中立法得到了美国民众的普遍支持。碍于第二次大选即将开始，国内反对派别有用心地把罗斯福渲染成希特勒一样的干涉司法自由的独裁者，罗斯福不得不妥协。

一九三六年，罗斯福第二次当选为美国总统。对于德国的扩张，罗斯福和他的政府犯了一个致命的错误。美国驻柏林大使威廉·E. 多德和一些观察家把德国的军国主义和纳粹激进主义归因于德国人民在经济上的缺乏保障。罗斯福受此启发，为了息事宁人，他提交一份备忘录，希望通过给德国某种"补偿"、"安抚"，"付出某种代价"以满足或部分满足德国的要求，达到消除战争根源，实现世界和平的目的。这种思想使美国采取了对德国法西斯的绥靖政策。一九三七年五月一日，意、德法西斯参加佛朗哥作战，美国国会正式通过了"永久中立法"。该法将禁运军火的对象扩及任何发生内战的国家，并规定今后进行贸易的原则是"现购自运"，罗斯福对此没有发表反对意见，签署了这一协议。

一九三九年一月四日，在致国会的咨文中，罗斯福郑重警告说，迄今为止，美国对国际上那些纳粹分子的不法侵略行为的忽视已给民主国家造成了严重危害。他要求修订中立法，并指出："一纸空文可能是无效的，然而战争也并不是尊重国际舆论的唯一手段，还有许多不必诉诸战争的其他方法可以用来帮助被侵略的受害者，最重要的一项就是取消中立法案的禁运条款……至少，我们能够而且应当避免因采取任何行动而导致怂恿、帮助或扶持一个侵略者，同时也要避免因不采取任何行动而造成同样的恶果。我们已经认识到，当我们试图审慎地制定中立法的时候，我们的中立法执行起来就可能很难做到不偏不倚、公正合理——可能在实际上援助了侵略者，而被侵略者则得不到援助。我们自卫的本能提醒我们：这类事情再也不能发生了。"

然而，在一九三八年中期选举后的新一届国会中，共和党与民主党保守派结成了联盟，孤立主义主宰国会，外交委员会于一月十九日暂停对中立法法案和西班牙禁运法案的审议。一位民主党议员甚至宣称，罗斯福的中立计划背后有共产党人、军火制造商以及阴险的"外国势力"的影响。

一九三九年九月一号凌晨三时十分，熟睡的罗斯福被白宫的官员叫醒，他得知了希特勒进攻波兰，第二次世界大战爆发的消息。罗斯福听到这个消息的时候，德军已经深入波兰领土。根据当时的具体情况，罗斯福不可能参战。为了遏制希特勒，罗斯福做出了多方努力。他向参议院外交委员会的人指出："假如德国人侵犯一个国家并宣布战争，而我们仍实施（中立）法案，那就站到了希特勒一边。如果我们能够解除武器禁运，情况就不至于这么糟。"他对报界说，欧洲发展的事态表明，美国需要修改中立法。罗斯福利用美国民众对欧战被侵略国家的同情，说服美国人，使他们认识到希特勒对美国利益的威胁。在罗斯福和国务院的敦促下，皮特曼在三月二十日提出了一项中立法修正案，即一九三九年和平法。该修正案保证了英、法在战时可以利用他们所控制的大西洋航道，从美国那里获得武器和其他物资的供应。次日，民意测验表明公众中有百分之六十的人赞成向英、法出售军用物资。换句话说，美国当时采取的政策是不参战，但暗中支持英、法等国。

此外，罗斯福一方面继续努力摆脱中立法的束缚，另一方面积极扩军备战，加大援助英、法等国的力度。在罗斯福的努力下，一九三九年美国的国防拨款创造了和平时期的最高纪录，达十六亿美元。美国重整军备计划，目标是建立一支相当于英国规模的现代化海军；陆军人数保持在四十万人以上，并保证能在非常时期迅速扩充；空军部队则保证至少要拥有九千架飞机；良好的工业体系要为海陆空三军作后盾，能够迅速转入战时生产。

六月，英王和王后伊丽莎白访问华盛顿。通过英王乔治六世，罗斯福警告德国：只要伦敦遭到轰炸，美国就参战。针对德、意、日法西斯势力对拉丁美洲的渗透，罗斯福政府也采取了一系列解决的政策。

一九四〇年五月十日，德军终于在西线动手了，比利时和荷兰被迅速征服，法军也在德式"闪电战"的攻击和分割下迅速崩溃。五月十五日，巴黎陷落。五月二十一日，德军切断了英国派遣军的进军路线。英军立即面临灭顶之灾，英军收集了一切载浮工具，以各式船只开始进行历史上最伟大的救援行动，英军在正面部队的拼命掩护和皇家空军的奋力掩护之下成功撤退，创造了"敦刻尔克奇迹"。

法国陷落后，面对法西斯的铁蹄，大英帝国茕茕孑立，形影相吊。此时，欧洲战场只有英国人还在负隅顽抗。五月十三日，丘吉尔在下议院发表了他那不朽的演说："我没有别的，只有热血、辛劳、眼泪和汗水献给大家。……我们绝不消沉或退缩，我们要奋战到底。"

在稍后的日子里，几乎所有的美国人都听到这个声音。焦灼的美国人突然意识到，如果德国在数周内打过英吉利海峡，美国可能正如李其曼所言，成为全球最后一个民主国家。一时间，就连罗斯福的最严厉批评者们也在向他靠拢。

五月十五日，丘吉尔致电罗斯福，要求罗斯福宣布美国处于"非交战"状态，也就是不派遣武装部队，但提供一切援助。第二天，为申请追加国防拨款，罗斯福向国会提交了咨文。他呼吁为了维护美国的自由，国家不仅应该随时准备在防务上花费数以万计的金钱，而且随时应该准备献出自己的生命。

五月底，国会同意了拨款，事实上，他们拨给总统的经费比他要的还要多。到一九四〇年十月，国会已通过了一百七十亿美元拨款用于防务。此后，在不到一年的时间内，国会共拨出三千九百亿美元，用于重振军备和援助同盟国，这超过了美国在整个第一次世界大战中的所有开支。

不过，国会一般只同意加强美国的防务，而不太愿意批准总统对英国的援助。很多人认为，英国人获胜的几率只有三分之一。但罗斯福还是把美国军火库中几乎是所有的库存，全运给了英国，这包括：五十万支步枪，八万挺机枪，九百门七十五毫米的大炮，以及其他枪支弹药。在九月初，罗斯福宣布，美国将第一次世界大战时的五十艘驱逐舰全部转让给英国，以换得对英属西印度群岛中一系列海、空军基地为期九十九年的租借权。九月中旬，罗斯福促使国会通过了选征兵役制法案，规定二十一岁至三十五岁的男子均在选征之列。

十二月二十九日，在关于国家安全的"炉边谈话"中，罗斯福向美国人民指出，如果英国倒下了，纳粹国家就会控制欧、亚、非和澳洲等各大洲以及各大洋，到那时，整个美洲就会生活在纳粹的枪口下。正在奋死抵抗的欧洲人民并不是要求美国人替他们打仗，他们要求的只是作战物资。美国人必须成为民主制度的伟大兵工厂。他号召美国人以与欧洲人民一样的决心、爱国主义和牺牲精神来致力于自己的任务。几天后，他向国会提交了由财政部起草的租借法案。而多种民意测验综合表明，全国有百分之七十一的人与总统的意见一致，有百分之五十四的人主张立即开始租借。次年三月，国会通过此法案。该法案授权总统"向总统认为其防务对保卫合众国至关重要的任何国家的政府出售、转让、交换、出租、借与任何防务器材"。另外，美国各造船厂的设备可供这些国家使用。罗斯福又要求国会拨款七十亿美元，用于生产与输出租借物资，国会很快予以通过。

一九四〇年，在"美国需要罗斯福"、"世界需要罗斯福"的示威声中，罗斯福在他的第三次总统竞选中获胜。

让美国的态度真正发生转变的乃是"珍珠港事件"的爆发。一九四一年底，太平洋战争爆发，日本人偷袭珍珠港，美国人遭

永远的巨人——美国总统罗斯福

受了建国以来最大的挫折。除了几艘少得可怜的航空母舰以外，整个太平洋舰队全部被歼灭，三千多位美国官兵，有的还在睡梦中就被日本人炸死。珍珠港事件犹如一个晴天霹雳，美国民众愤怒了。珍珠港事件唤醒了沉睡中的美国，美国决定加入世界反法西斯主义的阵营。美国的参战使第二次世界大战形成了最后的阵营结构，英、美、苏心照不宣地结成联盟。在这次战争中出现了欧洲战场、苏德战场、大西洋与北非战场、太平洋战场等。

一九四二年元旦，在白宫，美、英、苏、中等二十六个反法西斯国家的代表签署了由美国国务院起草、罗斯福表示赞同、经与丘吉尔和苏联政府磋商并加以修改后形成的《联合国家宣言》。宣言重申《大西洋宪章》的宗旨与原则，并规定：各签字国政府保证使用全部军事和经济资源来抵御与之处于交战状态的轴心国成员及其附属国；保证与本宣言签字国政府合作，保证不与敌人单独停战或媾和。在此宣言签署以后，在打败法西斯的共同旗帜下，不同社会制度、不同民族、不同信仰和语言的国家实现了从政治、经济和军事方面的大联合，以美、英、苏为主体部分的国际反法西斯同盟正式宣告成立。

在珍珠港事件后的将近半年时间里，在太平洋战场上，美军处于被动。日军相继占领了泰国、香港、马来亚、新加坡、菲律宾、荷属东印度、缅甸、关岛和威克岛等地，美、英、荷损失惨重。一九四二年四月十八日，美国的轰炸机群执行了对东京的空袭，极大地震动了日本朝野。二十天后，在珊瑚海战斗中，日军首遭重创，被迫推迟入侵莫尔兹比港的计划。六月四日，日、美海军航空兵在中途岛海域展开激战，日本损失四艘航空母舰、三百三十架飞机，美军则仅损失一艘航空母舰和一百五十架飞机。经过两个月的休整后，美、日双方又爆发了一场历时半年的血战

——瓜达喀尔纳尔岛争夺战，美军取得了完全的胜利。至此，日、美两国的海军力量发生了变化，美国完全掌握了制海权和制空权。

一九四三年的上半年，是大西洋海战的决定性时期。在英、美的联合攻击下，德国海军上将邓尼茨感到非常吃力，他只能拼命督促建造新的潜艇，但仍然不能弥补损失。相反，美、英用于对付德军潜艇的舰船和飞机的数目增加了四倍多。

一九四三年六月，盟军在地中海开辟新战场，美国将领艾森豪威尔出任地中海战场盟军总司令。七月九日夜，巴顿率领的美军和蒙哥马利率领的英军共十六万登陆大军开始行动，在两天内，轻松地登上了西西里岛，意大利军队顷刻瓦解，赶来增援的德军也被迅即地逼回意大利本土。七月二十五日，墨索里尼被意大利国王放逐。

一九四三年，第二次世界大战的攻守格局发生了根本性的转折，反法西斯盟国取得了阿拉曼、中途岛、斯大林格勒等一系列战役的胜利，战场上胜负已定，法西斯轴心国集团末日已到，罗斯福、斯大林、丘吉尔都在考虑战后世界的安排问题，于是，德黑兰会议召开，三方就第二次世界大战场的开辟，分割德国、波兰等问题进行了磋商，并达成协议。

一九四四年初，苏军发起了强大攻势，在五月中旬以前，列宁格勒、第聂伯河右岸乌克兰地区、敖德萨和克里米亚地区都获得了解放，德军遭到了无法弥补的重创。

整个春季，盟军在英格兰南部大规模地集结兵力。到了六月六日凌晨，盟军横渡英吉利海峡，在诺曼底地区登陆，此后一周，盟军巩固了滩头阵地，并向纵深推进。到七月初，十三个美国师、十一个英国师和一个加拿大师，总兵力已达一百万人在诺曼底登陆。登陆战役持续到七月二十四日，在付出惨烈的代价后，盟军取得了胜利。八月二十六日，巴黎解放。

一九四四年夏，美军接连攻占了吉尔伯特群岛、马绍尔群岛、新几内亚岛和马里亚纳群岛。八月十日，日本的"海上长城心脏"——关岛被美军占领，日本在太平洋上的内防御圈被美国人突破。七月二十日，东条英机内阁被迫辞职。同日，一枚炸弹差点结束了希特勒的生命。同样是在这一天，罗斯福第四次被提名竞选美国总统。

一九四四年下半年，美军在太平洋战场上又取得重大胜利。经过莱特湾大海战，日军的航空母舰全部被歼灭。在此期间，美国的 B-29 重型轰炸机频繁轰炸日本本土，加速了日本的崩溃。在欧洲战场上，波兰和东欧的大部分地区已被解放，西线德军在阿登地区的反扑被彻底粉碎，意大利战区的盟军正计划北进，德国的败局已定。

在这种情况下，战后对世界秩序的安排成为各国之间的迫切问题。一九四五年二月四日，第二次三巨头会议在苏联境内的克里木半岛的雅尔塔举行了。会议最终敲定了几大问题：第一个是苏联、美国、英国和法国对战败后的德国实施分区占领；第二个是成立一个维护和平与安全的国际组织，即联合国，联合国常任理事国对重大事项有一票否决权；第三个问题就是欧洲战场结束后，苏联宣布对日作战。三方还就波兰和东欧问题、远东问题等展开了激烈的讨价还价。

罗斯福在雅尔塔会议上坚持他先前提出的大部分方案，并取得了他所期望的巨大成果。三巨头分手的前夕，在宴会上，斯大林提议为美国总统的健康干杯。斯大林说，英国和苏联都是为它们自身的生存而与希特勒德国作战，他和丘吉尔为各自的国家考虑，下定决心还是比较容易的，但罗斯福的国家在战争中未曾遭受侵略的严重威胁，也还没有濒临灭亡的危险，他就已出于更广泛的考虑，把全世界动员起来以反对希特勒的侵略。斯大林还认为，总统最突出和最重大的成就就是租借法案。斯大林的评价，罗斯福当之无愧。

为了战争，罗斯福牺牲良多。他的四个儿子全都在海外服役，除节假日外，罗斯福很难见到他们。罗斯福桀骜不驯的儿子埃利奥特常在外面惹事，小题大做的对手们经常拿他作为攻击罗斯福的素材，埃利奥特总是受到报界的严厉指责，儿子甚至在一封信中悲伤地写道："爸爸，有的时候我在想，如果我们当中有一个人战死的话，他们可能就不会来折磨我们家了。"

罗斯福本人的身体也被战争拖垮。在后来的国会咨文提交中，罗斯福甚至不得不让人推着他上台，因为，他的身体已经无法再支撑下去了。一九四五年四月十二日中午，罗斯福在他的办公室里正在修改第二天将在纪念民主党精神领袖托马斯·杰斐逊大会上的一个发言稿，下午一时十五分，他昏迷过去。三时三十五分，罗斯福经抢救无效，离开了人世。下午五时四十七分，全美三大通讯社向海内外发出美国总统罗斯福逝世的电讯。七时零九分，哈里·杜鲁门成为美国第三十三任总统。

罗斯福的逝世震惊世界。他的朋友、对手都给予了他高度的评价。一度反对罗斯福的《纽约时报》发表如下社论："正值强大而残忍的野蛮势力威胁着要蹂躏整个西方文明的时候，幸有罗斯福坐镇白宫。百年之后，人类也会因此俯伏而感激上帝。"莫斯科红场下了半旗，旗帜围上了黑边。日本铃木首相说："我得承认，罗斯福确实领导有方，美军今日优势地位莫不有赖于他之领导。因此，他的去世对美国人民是个巨大损失，这点很可理解，我也深表同情。"随后，东京电台播放哀乐，以表示他们"对一位伟人去世的敬意"。

在一九三二年大选中，罗斯福说："请根据我的敌人的评论来评价我。"那么，今天我们仍然得承认，他是一位伟大的人。他不但是美国人的骄傲，也是世界上所有拥护自由与民主、维护人类尊严的人们的骄傲。

狐狸的克星
——蒙哥马利

对于某些人来说，战场就是他们扬名之地。第二次世界大战成就了无数将星，他们战功卓著，也因而名声显赫。这其中，就包括英国名将——蒙哥马利。

伯纳德·蒙哥马利是第二次世界大战中一名卓越的英国将领。在第二次世界大战中，他与德国名将隆美尔对阵，并最终打败了这位"沙漠之狐"。

因为他的赫赫战功，在英国乃至在世界，蒙哥马利成为一名备受人们推崇的将军，即便在遥远的东方，蒙哥马利也常常被人们所提起。

蒙哥马利曾经说过这么一段话，他说："大多数军事问题只有两个答案：一个是正确的，一个是错误的。作为军人，必须有坚强的性格，才能在复杂的战争中，判断出正确与错误。"蒙哥马利的话用中文来阐述，可以简练成这样一句：为将者，必勇也。这位将军的人生，正如他自己所说的，是坚强的，是勇敢的，是不折不挠的。

缺乏母爱的童年

一八八七年十一月十七日，伯纳德·蒙哥马利出生。他的出身不错，是伦敦肯宁顿圣马克教区的牧师——亨利·蒙哥马利的孩子。

在英国，蒙哥马利家族是一个有着悠久历史，并创造出光辉业绩的家族。蒙哥马利家族的先祖是罗杰·蒙哥马利伯爵，在公元一〇六六年，他曾经协助诺曼底的威廉公爵入侵英国，被视为诺曼底家族中最出色的人物之一。在十一世纪威廉公爵的朝廷中，罗杰·蒙哥马利也是官运亨通，名声显赫。

伯纳德·蒙哥马利的父亲名叫亨利·赫钦森·蒙哥马利，他于一八四七年十月三日生于印度。八岁时，他被送到伦敦就读。一八六六年，亨利考入剑桥大学，他是蒙哥马利家族中第一个进入剑桥大学的人。一八七一年，亨利到萨塞克斯的赫斯特皮尔角教区任副牧师。两年半后，他被派往伦敦有名的贫民区——黑僧路的基督教堂担任副牧师。在黑僧路教堂里，亨利的工作繁琐沉重，但他却一直兢兢业业，勤勤恳恳。

一八七六年，亨利来到西敏寺圣玛格丽特修道院，担任新任院长弗雷德里克·威廉·法勒的副牧师。亨利对教区的事务了如指掌，做起事来兢兢业业，成为法勒院长的得力助手，深受法勒夫妇的青睐，于是亨利成了法勒家的常客。

随着交往的增多，亨利·赫钦森·蒙哥马利与法勒的三女儿莫德互相爱慕。这是一段堪称忘年交的感情，亨利成为圣玛格丽

狐狸的克星——蒙哥马利

093

特修道院的副牧师的时候，莫德只有十二岁。他们开始相恋时，莫德才十四岁。

不过，由于对亨利颇有好感，法勒夫妇不但没有反对亨利对女儿的追求，反而允许他们订婚。一八八一年七月二十八日，莫德满了十六岁，她一从学校毕业，就和亨利在西敏寺第七教堂举行了婚礼。

从表面上看来，亨利与莫德的婚姻是非常美满幸福的。然而，事实上，对莫德来说，老夫少妻的婚姻是没有多少欢乐可言的。

莫德结婚时，年龄甚小，然而婚后她不得不接受为人之妻的种种限制。蒙哥马利家族的生活刻板拘束，每天，全家进行两次集体祷告，一举一动，都有清规戒律。在肯宁顿的家中，亨利每天又忙于工作，早出晚归，她一人在家，觉得冷冷清清、孤单寂寞，她经常独自坐在客厅，黯然垂泪。

不过，莫德在一八八二年生下了第一个孩子以后，便不再感到清闲无聊了。到二十四岁时，她已成为五个孩子的母亲。莫德一面要参与教区的工作，一面又得照顾孩子，实在忙得不可开交。莫德有一个特点，她特别爱操持家务，而且特别爱整洁，爱干净，她在家里还订下明确的家规，要求孩子们严格遵守，一有违反，立即施以严厉的惩罚。

莫德还订下这样一条家规：每天下午，家里所有的人必须走出户外两小时，以使她不受任何声音的骚扰，安静地休息。老蒙哥马利可以留在屋内，但也只能待在书房里。

时间长了，莫德也像男人一样喜欢控制别人，发号施令，孩子稍有不合意之处，就鞭棍相加。后来，老蒙哥马利调到了塔斯马尼亚担任主教。在那里，莫德把孩子们的教育工作完全交给从英国请来的家庭教师。莫德独揽家中财政大权，每周只给老蒙哥马利十个先令，如果老蒙哥马利向她多要一两个先令，便会被她严加盘问。

莫德这些奇特的管理方法使母子间缺乏亲切感，使家庭生活毫无乐趣。老蒙哥马利对于年轻妻子的专横，是非常包容的。哈罗德、唐纳德和尤娜都颇为顺从母亲的家规和专制，没有给母亲添什么麻烦，但伯纳德·蒙哥马利却是反叛者，专门和母亲当面对着干，他是最让莫德头疼的。伯纳德·蒙哥马利是第四个孩子，非常淘气，他经常把妈妈刚刚整好的家弄得乱七八糟，因此常遭到年轻妈妈的大声斥责。在五个孩子中，莫德越来越不喜欢老四。

然而，母亲的责骂和鞭打并没有吓住蒙哥马利，反而使他变着法子同母亲作对。

有一次，蒙哥马利把妈妈非常喜欢的鱼缸给打破了，妈妈火了，尖声地骂他，说他除了当炮灰，什么也做不成、做不来。这两句话深深伤害了年幼的蒙哥马利的心，一直到死，他都没有忘记这两句话。

他在自己的回忆录中还讲到这件事情，他说："我可以说我的童年是不幸的，这种不幸完全来自我的母亲，在她眼里，我不过就是一个炮灰。可是，我的母亲说对了一半，我的确开了炮，而且不止一门，但是我没有成灰，我童年吝啬的母爱所带来世人对我的嘲笑、蔑视的刺激，形成了我坚韧不拔的意志和天赋的智慧，没有这种磨难，我不会成为后来的蒙哥马利。"一直到老的时候，蒙哥马利都不愿意与母亲来往。可以说，蒙哥马利的整个童年生活都是在自由和鞭子的夹缝中挣扎着度过的。

在塔斯马尼亚，蒙哥马利的学习成绩非常差。在英文方面，

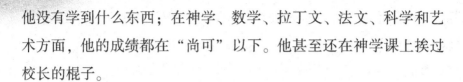

他没有学到什么东西；在神学、数学、拉丁文、法文、科学和艺术方面，他的成绩都在"尚可"以下。他甚至还在神学课上挨过校长的棍子。

自己选择的人生

一九○二年一月，亨利一家回到英国后，父亲把蒙哥马利送到离家不远的圣保罗学校就读。在进入圣保罗学校的第一天，蒙哥马利便自己做主，选择了"陆军"班。当晚，他把自己的决定通告给父母，他告诉父母，他下定决心，拒绝更改。父亲认为这是天意，接受了他的选择，可是，母亲莫德却不轻易让步，母子间又爆发了一场激烈的争吵。蒙哥马利在自己前途方面，赢得了生平第一次与母亲对抗的胜利。

蒙哥马利进入圣保罗学校就读以后，仍然非常淘气。当时，蒙哥马利十五岁，体格强健，善于游泳。入学后，他猛攻体育运动。第一年，他当上了学校游泳队队员。三年内，他便当上了第十五橄榄球队和第十一板球队的队长。在球场上，他对对手冷酷无情，凶狠毒辣，被人称为"猴子"。

在运动场上，蒙哥马利可以叱咤风云，但在读书学习上，他的成绩却令父母很丢脸。一场大病以后，蒙哥马利的学习成绩每况愈下。一九○五年秋，当他升到陆军班的时候，他通常得到的评语是"庸劣"。

一九○六年七月，蒙哥马利面临人生的第一次考验。当时，如果想要成为一名陆军军官，就必须进入桑赫斯特皇家军事学校学习。桑赫斯特皇家军事学校位于英格兰的伯克郡，建于一七九九年，旨在训练、培养英国陆军正规军官。学员从英国陆军以及英国和英联邦国家的中学毕业生中选出，他们入学前须经过一项全面的入学考试。而要通过这些考试，并不是在板球场和足球场上的苦拼就能应付的。英国前首相丘吉尔曾两次报考桑赫斯特军校，但两次都名落孙山。第三次报考时，丘吉尔才如愿以偿，而考试成绩还是只够进入骑兵学科。

当时，十九岁的蒙哥马利得到的校方评语是："该生是个落伍者。该生要进入桑赫斯特皇家军事学校把握不大。如果他想上桑赫斯特皇家军事学校，必须努力加油才行。"

这份报告使蒙哥马利受到很大震撼，他认识到要想进入军事学校，必须努力读书才行。从此，他好像是变了一个人一样，每天认真听课，潜心学习，进步非常大。到了一九〇六年秋，蒙哥马利参加桑赫斯特皇家军事学校的入学考试，他顺利通过了考试，在被录取的一百七十七名考生中，他排在第七十二位。

一九〇七年一月三十日，伯纳德·蒙哥马利正式进入桑赫斯特皇家军事学校就读。一般来说，桑赫斯特皇家军事学校的学生大多来自伊顿、哈罗、惠灵顿、贝德福德这样一些很有名望的学校，并且大多是陆军军官的子弟，只有一小部分来自牧师、律师和医生家庭。平民子弟在桑赫斯特军校的学费每年为一百五十镑，这包括食宿和一切必要的花费，但不包括零用钱。伯纳德·蒙哥马利走进的就是这样一个特殊的军校。

莫德每周给伯纳德·蒙哥马利九先令零用钱，与其他同学相比，蒙哥马利显得格外寒酸。他在回忆录中写道："在那些日子里，手表刚开始出现，学院小卖部就有手表出售。大多数同学都有手表，我经常对那些手表投以羡慕的眼光。但那些手表不是为我准备的，直到一九一四年第一次世界大战爆发，我才有了一块手表。"后来，蒙哥马利回忆说："我很怀疑跟我一样穷的同学会有几个……外界的一切引诱，我都因囊中羞涩而不敢问津，我只好埋头于体育运动和学习。"当然，这对年轻的蒙哥马利来说，绝对是一件好事——六个星期后，努力学习的蒙哥马利便被提升为一等兵。到第二学期时，经这样选拔出来的学生一般都成为佩戴红肩章的中士，其中有一到两个人能够成为佩带军剑的掌旗军士。掌旗军士是学生的最高军阶。

第一学期，蒙哥马利主要学习法律、历史、地理、战术、工程、地形、印度文、射击、体操、军事行政管理和操练等课目，学习成绩令人满意。在期末考试后，校长的评语是"成绩优异"。

蒙哥马利就这样顺利地进入了第二学期。十一月初，他所选择的皇家沃里克郡团刚好有个少尉空缺，他被提名为递补，这让他兴奋不已。这个团不仅是个历史悠久、战绩辉煌的英国郡团，而且还有一个营驻扎在印度，而在该营服役的军官都有一项特殊津贴，足以使他自食其力。而只要在第二学期保持优异的成绩，蒙哥马利就能如愿以偿。但是，在第二学期快结束时，蒙哥马利闯祸了。

在十二月期终考试前，蒙哥马利和一群同学对学校一个不受欢迎的同学搞恶作剧。当时，这位同学正要换穿蓝色礼服，蒙哥马利等人闯入他的卧室，将他的手脚捉住，蒙哥马利点燃一根火柴，点着他的衬衣下摆。恶作剧的后果十分严重，那位同学的臀部被严重烧伤，被立即送往医院。受伤的同学非常大度，拒绝说出烧他的人是谁，但人多嘴杂，蒙哥马利的过错很快被校方知晓。

在此事发生之前，学校曾打算让蒙哥马利担任 B 连的下一届掌旗军士。但蒙哥马利的过错较一般的学生违纪更为严重，其后果是可想而知的。母亲莫德亲自前往军校，为儿子求情。校长同意为了维护蒙哥马利父亲的名誉，不影响蒙哥马利的前途，不公开宣扬蒙哥马利的恶作剧。不过，蒙哥马利还是受到了惩罚。一九〇八年一月，学院贴出公告，一等兵蒙哥马利降为普通学生级别，第二学期蒙哥马利的考试成绩虽然较第一学期更好，但他的评语仅为"良好"。

在毕业前夕，蒙哥马利报名参加印度军队。印度军队里的薪水高，靠自己的薪金，军官们也能维持生活。正是这个原因，参加印度军队的竞争十分激烈。一般来说，只有成绩在前三十名的人才能获得机会。在蒙哥马利毕业那年，有三十六名学生要被派往印度。蒙哥马利毕业时的成绩刚好排在第三十六名。但是，学校里面有八名学生虽然成绩不如蒙哥马利，但他们都来自印度陆军军官家庭，不管成绩如何，他们都有参加印度陆军的权利。蒙哥马利的希望落空了。

一九〇八年九月十九日，参加印度陆军的希望落空之后，蒙哥马利被分到皇家沃里克郡团。沃里克郡团第一营能够驻防印度，为了争取去印度服役的机会，蒙哥马利专门学了两门印度土著语言。皇天不负有心人，十二月十二日，蒙哥马利被派往驻扎在印度西北边境白沙瓦的第一营。

童年时期蒙哥马利之所以表现得很顽劣，很大一部分原因在于他想反抗母亲。不过，就读军校，当一名军官，则是他本人的选择。在白沙瓦服役的过程中，蒙哥马利参加了一次他终生难以忘记的考试。当时部队运输的主要工具是骡马车，有一次军官进行考核，考官问蒙哥马利：骡子一天要拉几次屎？蒙哥马利不知道，就回答说是六次。考官说，错了，是八次不是六次。蒙哥马利好奇心就上来了，他就去观察，观察了半个月，发现骡子一天果然拉八次屎，后来他告诉别人：这次考试使我真正懂得一个军人战场的观察力来自他对平时生活的积累，而缜密的计划只能来自源源不断的、全神贯注的观察力和思维能力。一个很小的考试，却深深教育了蒙哥马利，因此，在到印度后，蒙哥马利非常自觉地全身心投入工作。他认真学习业务知识，把野战勤务条令背得滚瓜烂熟。为了与印度士兵沟通联系，他刻苦学习印度的乌尔都语和普什土语。天道酬勤，蒙哥马利的努力得到了回报：一九一〇年四月一日，他被晋升为中尉。

一九一二年五月三日，团里的补给官回家休假一年，于是蒙哥马利被委任为代理补给官。

一九一二年十一月六日，蒙哥马利随部队回国。一九一三年一月二日，蒙哥马利被任命为皇家沃里克郡团第一营的助理副官，驻防在福克斯通附近的肖恩克利夫。

一九一三年一月，从坎伯利参谋学院毕业的勒弗罗伊上尉被派到沃里克郡团第一营。蒙哥马利与他很快就成为知心朋友，两人常在一起谈论军事问题，谈论如何真正掌握军事技术。勒弗罗伊上尉告诉蒙哥马利，如果他想在军中青云直上，就应该精通战争理论，并从战史中吸取经验教训。

一九一四年夏季，费迪南大公被刺，第一次世界大战即将爆发。整个英国人心惶惶，人们担心一旦战争爆发，德军会在英国海岸登陆。于是，陆军部决定采取行动，让各团作好准备。接到指示后，皇家沃里克郡团下令所有休假官兵立即归队，进入一级战斗准备状态。与其他所有军官一样，一九一四年七月二十九日下午六时，蒙哥马利回团报到。

崭露头角的年轻人

一九一四年七月，第一次世界大战爆发。为了防止德军入侵，驻守在肖恩克利夫的英军部队决定用一个营的兵力监视海岸，防守施尔尼斯地段。他们从各团抽调出三百五十人，组成一个混成营，驻防在雪壁岛。伯纳德·蒙哥马利作为营副官，调往该营。

在八月二十二日凌晨，蒙哥马利跟随部队离开哈罗，前往南安普敦，渡海前往波罗尼。英国远征部队遭遇的德军无论从装备上，还是从数量上，都远远超过了英军。因此，部队不得不撤退。蒙哥马利的军队在撤退途中，碰上了德军。这次战斗使英军八名军官负伤，约二百名士兵伤亡。蒙哥马利所在连的连长受伤，官兵伤亡惨重。而在这次战斗中，蒙哥马利不但身先士卒，英勇作战，他后来还带领第三连的两个士兵，回到山上救回一名伤势很重的上尉。

九月四日，战场的形势发生变化，德军被迫后退。蒙哥马利所在的营开始向德军追击。蒙哥马利在前线指挥二百五十人战斗，实际上，这是一个少校级军官的责任。

一九一四年十月上旬，蒙哥马利所在部队从埃纳阵地移防出来后，开往梅特朗参加战斗。全营的英军又奉上级指挥官的命令，在没有炮火支持的情况下夺取被德军占领的村庄，部队伤亡极大。蒙哥马利高举着指挥刀，率领全排士兵与敌人展开英勇的肉搏战，一举夺占了敌人阵地，他还抓到了他军人生涯中的第一个战俘。

一次，蒙哥马利布置好防御阵地以后，觉得应去观察布防情况。他刚站起来，就被德军狙击手一枪击中，子弹从他背后射入穿透了右肺。此后，蒙哥马利的左膝又被击中一枪。蒙哥马利在泥泞里躺了三十四个小时，才被部队的人救回，送往伍尔维奇的赫伯特医院救治。

由于在进攻梅特朗作战行动中的英勇表现，蒙哥马利受到了上级的重视和表彰。一九一四年十月十四日，他被授予战时上尉军衔。因为他"身先士卒，奋不顾身，用刺刀将敌人逐出战壕而身负重伤"，蒙哥马利荣获优异服务勋章。

一九一五年二月十二日，蒙哥马利被派往驻防曼彻斯特的第一一二步兵旅，接替该旅参谋长 J. A. 尼克松少校的职务。从此，蒙哥马利便开始在旅一级的岗位上展示自己的才华。

蒙哥马利前往的第一一二步兵旅组建于一九一五年一月，由四个步兵营组成，旅长是英国皇家退休准将麦肯齐。麦肯齐将军对年轻的参谋长蒙哥马利非常赏识，全力支持蒙哥马利的各项工作。一九一六年一月，麦肯齐旅长和刚满二十九岁的参谋长蒙哥马利上尉率领全旅官兵搭乘"阿基米得斯"号轮船，在两艘驱逐舰护卫下，从南安普敦启程，次日抵达法国勒阿弗尔。

每天上午，蒙哥马利与将军一起到各战壕和岗哨巡视。蒙哥马利每天要负责提出三份状况报告。其中，蒙哥马利一般会在早餐前写好要在上午十时送出的书面报告的初稿，在早餐时交付打印，早餐后请将军签字，随后发出。由于蒙哥马利办事有条不紊，吃苦耐劳，思维缜密周到，实际上挑起了全旅的工作担子，因此深受各营官兵和麦肯齐将军的信任。麦肯齐将军甚至还向上级建议给他荣誉晋升和给他较高层级的参谋职务。

一九一六年四月十四日，蒙哥马利所属部队被调往北边的弗勒贝克斯地区，接任第八师的防务。在那里，麦肯齐准将、麦克温尼中校和史密斯中校都被调职，由较为年轻的军官接替他们。接任麦肯齐准将旅长职务的是桑迪兰兹，年仅四十岁。

蒙哥马利在读书时，他的写作能力被老师们认为是极其低劣的。但是，在战场上，蒙哥马利对事物的洞察简单明了，他的叙述清晰扼要，并打了不少胜仗，因此，长官和部属对他十分佩服。

一九一六年七月一日，索姆河战役拉开序幕。由于法军在凡尔登伤亡惨重，根本没有取得战略突破的希望。在法军的要求下，为了减轻法军的压力，英军不得不单独发起索姆河战役。这场战役原计划是与盟军共同进行的，现在却完全成了英军的事情。在作战的第一天，英军就伤亡了五万七千人，其中阵亡者达一万九千人。在索姆河战役中，蒙哥马利几次都险遭不测，却也侥幸逃脱。

一九一七年一月十八日，蒙哥马利所属的第三十五师师长休假，桑迪兰兹准将代理师长。四天后，参谋长伯纳德·蒙哥马利上尉被调往第三十三师担任二级参谋，他的职务晋升了。一九一七年七月六日，伯纳德·蒙哥马利晋升为第九军的二级参谋。第九军有三个二级参谋，而蒙哥马利是担任这个职务的最年轻的军官，也是唯一的上尉。在其他所有的军部，这种职务几乎是由清一色的参谋学院毕业生担任的。

九月初，第九军发布了准备秋季攻势的工作指示，该指示就是由蒙哥马利起草的。经过相当充分的准备，英军分别于九月二十日、二十六日和十月四日发动了三次秋季攻势，各部队均攻占了所有的预定目标，英、法盟军因为此次胜利而士气大振。十月底，蒙哥马利正式晋升为第九军一级参谋，主管部队作战，但其军衔仍然是上尉。

一九一八年初，第九军的参谋部被安排一项特殊任务，他们负责研究在德军发动进攻时，英军该如何接替或者联合法军进行防御作战。蒙哥马利等人跑到法军战场去观察地形、熟悉情况，并举行了一次参谋演习。第九军军长对蒙哥马利的卓越表现赞赏不已。一九一八年六月三日，蒙哥马利被晋升为准少校。在第九军重返北部加入英军预备队行列的时候，蒙哥马利再度晋升。在一九一八年七月十六日，蒙哥马利被晋升为战时中校，在戈林奇少将的第四十七伦敦师担任一级参谋。

蒙哥马利得到了戈林奇将军的赏识，将军十分欣赏蒙哥马利，认为他能专心致志地工作，有丰富的参谋经验，思维缜密，对目标、战术、训练等问题有独到的见解。因此，他把这位年纪轻轻的一级参谋视为心腹，把部队的行政事务交由蒙哥马利负责，这为蒙哥马利提供了广阔的用武之地。

在第四十七师工作期间，蒙哥马利开始研究部队的指挥部门怎样才能快速地得到战斗进展的准确情报。后来，他设计出一种系统，派遣携带无线电设备的军官到各个先头营指挥所，通过无线电把最新情况传回师部。这就是蒙哥马利在一九三九年至一九四五年在第二次世界大战中采用的那种通信系统的雏形。

一九一八年十一月三日，德国驻基尔的舰队叛变。十一月十日早上，奥国皇帝退位，逃往荷兰。第一次世界大战画上了句号。

在战场上已无敌人的英军，开始准备撤离回英国。战争结束后，所有军官都必须降级，以适应和平时期的陆军编制。蒙哥马利被派往莱茵河英国陆军总部担任二级参谋，主管作战。

研究军事

伯纳德·蒙哥马利参加第一次世界大战以后，清楚地认识到，军事是一门需要终生研究的学问。他决定把军事作为自己毕生奋斗的事业，他希望自己能够进入参谋学院深造。一九二〇年一月，蒙哥马利来到坎伯利参谋学院报到。

一九二〇年十二月，蒙哥马利从参谋学院毕业。他被派往当时英国陆军最好的几个旅之一——驻科克的第十七步兵旅，担任旅参谋长，投入到镇压南爱尔兰的新芬党争取独立的运动中。一九二二年一月，爱尔兰省政府成立，它与英国签订条约，南部的英军开始撤离。五月，蒙哥马利撤离科克。

一九二三年，蒙哥马利被调到地区自卫部队第四十九师，担任二级参谋。师长是查尔斯·哈林顿。哈林顿十分信任蒙哥马利，蒙哥马利因此能够把第四十九师作为自己各种战术观点的试验场。七月，蒙哥马利发行了他一本小册子《供西区部队和第四十九师用的战术教材》。在引言中，蒙哥马利写道："本教材供各军官训练部队和准备晋级考试之用。"

一九二三年，蒙哥马利又在德文郡港为年轻军官开设了一个"参谋学院预备班"。他专门为预备班编写了教材。从教材内容来看，蒙哥马利对陆军的编组、部署、运动和战术的理解已相当到位。

英军即将在一九二四年举行暑期野营演习。为了使第四十九师成为首屈一指的部队，一九二三年秋，蒙哥马利撰写了四篇讲

狐狸的克星——蒙哥马利

稿，打算在当年冬天亲自指导军官们举行沙盘训练。

一九二四年夏，《陆军季刊》刊登了蒙哥马利的一篇文章，原题目是《地区自卫部队的训练》，发表时，编辑将其改为《对地区自卫部队中新任副官的建议》，这是他的作品第一次出现在军事杂志上。一九二五年一月，皇家沃里克郡团的杂志《羚羊》又登载了蒙哥马利少校研究战术史的第一篇文章《现代步兵战术的演进》。随后，蒙哥马利又连续发表了四篇研究战术史的文章，其内容涉及从一六一一年到一九二四年现代步兵战术的演进和发展。

一九二五年三月，蒙哥马利返回皇家沃里克郡团第一营任 A 连连长。此时，蒙哥马利在参谋的职位上一共干了十年。通过多年的工作经验与本人的刻苦钻研，蒙哥马利对英国陆军应该成为什么样的军队有一个非常清楚的认识。他始终认为，一切战争发展到最后，都会变成步兵的对垒，因此，步兵与炮兵、坦克、飞机等协同作战的能力，将成为决定战争胜负的关键。在当上连长之后，蒙哥马利意识到，必须把自己的想法灌输给每一个士兵，部队才有制胜的保障。

因此，从一开始，蒙哥马利就打算把他的连训练作为全营其他单位的示范。他的演练课目包括战地通信、战斗队形、射击命令、巡逻侦察、夜间战斗、进攻、退却、防御等。蒙哥马利的训练方式，惊动了第十旅旅长（沃里克郡团第一营隶属于这个旅）。三月三十日，旅长亲自前来视察。演习相当成功，旅长十分满意。不久，蒙哥马利奉命将连里的一个排派往第一三二步兵旅进行示范。从此，他的名声越来越大。到了一九二五年七月二十六日，陆军部将伯纳德·蒙哥马利晋升为正式少校。

两天后，陆军部参谋处再一次发布关于蒙哥马利的人事命令。原来，坎伯利参谋学院有一名准中校教官的任期将满，于是，七月二十八日，参谋会议决定，由伯纳德·蒙哥马利填补这个职位，任期三年。

在坎伯利参谋学院，蒙哥马利得到资深教官、研究室主任艾伦·布鲁克的青睐。布鲁克总觉得他的部属庸碌无能，但他却认为从许多方面来看，在未来，只有蒙哥马利具有担任帝国参谋总长的能力，所以他在各方面都尽可能地给予蒙哥马利帮助。

在坎伯利参谋学院，蒙哥马利成了沙盘训练的高手和战术问题发言人。他讲话简明精确，能抓住问题，并明确指出解决问题的方法，因此，从一九二六年当教官起，蒙哥马利越来越受到军界的重视。

一九二八年一月，伯纳德·蒙哥马利晋升准中校。一九二九年一月二十一日，他在坎伯利参谋学院的任职结束。一九二九年二月二十一日，蒙哥马利回到沃里克郡团第一营报到。一九二九年夏天，陆军部调蒙哥马利去担任步兵训练规范编写委员会的秘书，于是，蒙哥马利成为陆军部的"配属"军官，每天多领五先令的特别津贴。

蒙哥马利十分珍惜编写训练规范的机会，他决心把它编成一本可供步兵军官阅读的内容广泛的作战论著。经过蒙哥马利的努力，该书顺利出版，广受好评。

一九三一年一月十七日，伯纳德·蒙哥马利正式晋升为皇家沃里克郡团第一营的营长。

一九三一年一月初，皇家沃里克郡团第一营前往耶路撒冷驻扎。实际上，在到达巴勒斯坦后，蒙哥马利已成为驻巴勒斯坦的所有英军的指挥官。由于埃及和巴勒斯坦的英军总司令约翰·伯内特将军的基地在开罗，所以蒙哥马利实际上成了驻扎在那个国

狐狸的克星——蒙哥马利

家的英军的实际领导者，他不仅要指挥驻巴勒斯坦的英军，而且还要接触和联系驻叙利亚、约旦和黎巴嫩的外国军队。

一九三一年底，沃里克郡团第一营奉命移防埃及亚历山大港，一九三二年一月一日，蒙哥马利中校因为在巴勒斯坦的优秀表现，晋升为准上校。

移防亚历山大后，蒙哥马利又可以按照自己十几年来的研究成果，去训练部队，创造一种新型的正规陆军营。后来，驻防埃及的英国陆军在沙漠中举行战术演习，蒙哥马利的部队表现得相当出色。

由于出色的表现，在埃及服役期间，蒙哥马利至少有两次担任参谋职务的机会，但是，他已把自己的前途计划好了，他想要晋升为准将，指挥一个师，最后成为帝国的参谋总长，因此，他拒绝了担任参谋职务。

一九三三年底，皇家沃里克郡团第一营移防印度南部的浦那。一九三四年六月，蒙哥马利晋升为上校，前往圭达参谋学院就任首席教官。一九三九年，蒙哥马利接任第三师师长。三天后，也就是九月一日，德国入侵波兰，英国向德国发出最后通牒，英国陆军发布全面总动员令。一九三九年九月三日上午十一时，英国正式向德国宣战，第二次世界大战正式拉开序幕。

战场扬名

第二次世界大战爆发以后，经过战争动员后，蒙哥马利率领的第三师开始向克鲁干地区集结。九月二十日，由五名军官组成的先遣队前往法国。第二天，师运输部队向福茅斯出发。

九月二十九日，火车将全师官兵送到南安普敦。当天午夜，南安普敦的船队启航，驶向法国。帝国参谋总长戈特勋爵任远征军司令，军事作战和情报长官亨利·波纳尔少将任远征军总参谋长，地方部队长官道格拉斯·布朗里少将任远征军副司令。英国远征军由第一军和第二军组成。第一军军长是约翰·迪尔爵士，第二军军长是艾伦·布鲁克中将，蒙哥马利的第三师隶属于第二军。

在一九三九年到一九四〇年的冬天，英国远征军的任务其实就是训练和自卫。布鲁克预见到数月之内，英国远征军将陷入"千钧一发"的险境。他认为蒙哥马利是一个优秀的训练者和组织者，所以，很多事情他都放手让蒙哥马利自己做主。

蒙哥马利清楚自己的职责，他知道自己必须在极短时间内，使第三师处于高效能状态。因此，第三师进入阵地位置以后，蒙哥马利对他的部队进行严格的训练。他亲自计划和指导了多次大规模的全师演习和许多小规模演习，使第三师成为英国远征军中最训练有素的机动师。十一月二十一日，第三师与皇家空军联合举行通信演习。十一月二十六日，全师举行铁路输送演习。到了十二月，第三师又举行第二次大规模演习，演习的主要内容有：以汽车运输进行快速运动，夺取并固守一河，等待援军到达；准备并发起步、炮及空军协同的反冲击，将敌人打退至一地障后，如敌人超越此地障则立即歼灭之。事实上，一九四〇年五月第三师进入比利时的任务与这次演习极其相似。

一九四〇年三月七日，第三师举行第三次大规模演习。这次演习是一个四十八小时的连续作战行动：第一阶段，全师集结，夜间行军，天亮前攻占六十里外的一处河川障碍；第二阶段，夜

狐狸的克星——蒙哥马利

间脱离战斗，军队撤退至后方阵地，伴以机动部队、炮兵、空军阻滞敌人次日的追击。这次演习完成得相当出色，演习其实就是七个星期后要求第三师实施的作战行动，那次行动解除了英国远征军被包围的危险。

五月十日凌晨，德军入侵荷兰和比利时，英军遭受考验的时刻来到了。战斗伊始，英国远征军向东急速前进。蒙哥马利的师作为先头部队前进至迪尔河一线。第三师于夜间在指定时间到达规定地区，在蒙哥马利斡旋之下，英军接防比军驻守的卢万。

此后，每天都有陆陆续续的坏消息传来：鹿特丹被轰炸；荷兰要求停战；比利时军队撤到了阿尔贝运河附近；英军右侧的法国集团军垮了。第三师却只能注视和等待命令。德军在五月十五日夜渡迪尔河，攻入卢万车站。第三师奋力反击，把德军赶了出去。在整个盟军战场情况每况愈下的形势下，第三师却巍然不动。

此后，英军右翼的法军被击溃，左翼的比利时军队又突然消失，远征军只好全线后撤。第三师最后撤退。五月十九日，英国远征军总司令部开始讨论敦刻尔克问题。实际上，五月十八日，戈特的副参谋长李斯准将就根据各种情况报告得出了英军必须撤退的结论，拟订了将英国远征军撤退到敦刻尔克的应变计划。但在那天晚上，英吉利海峡的海岸线已被敌人控制，英国远征军实际上已被包围了。

在此情况下，英国远征军总司令部原计划向南突围，到索姆河一线与法军主力会合。五月二十四日，英军缴获德军部分机密档案，其中一份说，德军第六军预定在英国远征军最北端实施钳形迂回包围，从北面把英国远征军全部卷入口袋。同时，法军在南面的攻击完全失败，左翼比利时军队的抵抗也被粉碎。此时，英军的弹药存量不足，完全依靠空投补给，给养也减半发给，即使是这样，也只够维持两天半的需要。根据英军和法军当时所处的危急情况，戈特认为，他应把尽可能多的英军撤回英国。五月二十五日，戈特下令：英国远征军停止向南攻击，改为向敦刻尔克撤退。

为了摆脱追击，英国远征军必须采取完整的环形防御，保护自己。他们面临从东面向比利时军队猛冲过来的冯·博克的德军集团军的威胁。二十七日，布鲁克视察防区时，发现英军左翼的比军和法军不知去向，防线上出现了一个缺口。布鲁克命令蒙哥马利率领第三师前去堵住这个缺口。蒙哥马利不得不带领全师部队，在一夜之间，与敌人近距离接触，从第五师的战线后方仅几千米的地方，向北转移约二十五英里，在拂晓前占领未经侦察过的阵地，做好防御工作，迎接德军的进攻。五月二十八日凌晨，第三师完全进入预定位置，缺口被填上了。

自从决定向敦刻尔克撤退后，英国远征军的规模逐渐缩小，大多数高级将领被命令返回英国。五月三十日夜，布鲁克乘船回国。临行前，他决定让蒙哥马利接管第二军。蒙哥马利的任命于三十日下午五时生效。下午六时，在敦刻尔克海滩前线总司令部，蒙哥马利参加了由戈特召开的最后一次会议。在会上，戈特宣读了英国政府发来的关于最后阶段撤退的指示电报。他命令蒙哥马利率第二军在五月三十一日和六月一日撤退；命令巴克中将率第一军最后撤退。会议结束后，蒙哥马利主动与戈特进行了个别交谈。他告诉戈特，巴克不适合担任这种最后指挥职务，他推荐了第五军第一师师长亚历山大。戈特接受了他的建议。五月三十一日下午，亚历山大接任第一军军长。亚历山大表示，他将不惜牺牲自己的一切，把第一军全部撤回英国，绝不投降。最后，亚历山大果真撤出了所有的人。毫无疑问，正是由于蒙哥马利的勇敢和"无礼"的行为，才使得大撤退中，无数英国士兵得以保全性命。

五月三十日晚，蒙哥马利率部撤退回国。一九四一年十一月十七日，蒙哥马利接替佩吉特担任东南军区司令。东南军区管辖第十二军、加拿大军和一些地方部队。

蒙哥马利到任后，首先访问各部队长，然后下达集团军司令部相关作战命令，制订了冬季训练计划。为了能够了解部属，蒙哥马利经常访问下属部队，其影响渗透到东南集团军的各个层次。

到一九四二年，蒙哥马利已成为全国闻名的军队训练专家，他的作战思想也更为成熟。一九四一年二月，希特勒为了援助在北非战场接连败于英国人的意大利军队，派隆美尔到北非担任德意联军总指挥，隆美尔到达北非之后，经过一系列的战役行动将英军连连击败。一九四二年五月，隆美尔又发动一次攻势，经过一场血战，击溃了英国第八集团军，乘胜向埃及推进。六月十九日，隆美尔采取灵活的战略战术，以劣势兵力攻占了英军在北非的重镇托布鲁克，俘获英军三万余人，英军主力被迫退缩到埃及。德国人攻占托布鲁克之后，继续向埃及推进，六月下旬，德、意联军到达了距离亚历山大港以西一百四十公里的阿拉曼地区，隆美尔的胜利使得英国第八集团军面临全面崩溃的境地，英伦三岛极为震惊。许多英文大报在通栏大标题上都写着：英国一片愤怒，丘吉尔首相将因此遭到不信任案，北非局势将导致政府的改组等。在这种形势下，布鲁克决定：自己必须以帝国参谋总长的身份到开罗去，亲自调查直布罗陀、马耳他和伊拉克地区的情况，最后与驻印英军总司令韦维尔就印、缅边界的防御问题进行秘密磋商。丘吉尔也赶去了开罗。八月三日晚，丘吉尔召见布鲁克，两人认为：奥金莱克不能再同时担任中东总司令和第八集团军司令这样两个职务了。那么，谁来指挥第八集团军呢？布鲁克认为是蒙哥马利。一九四二年八月十日，蒙哥马利离开英格兰，到北非沙漠指挥第八集团军去了。

北非立威

蒙哥马利到达埃及以后，很快去找亚历山大，提出为第八集团军建立一支后备军的计划。他认为，这支队伍应该与隆美尔的部队一样，拥有比较完善的装甲武器。亚历山大同意了。

接着，蒙哥马利前去找他坎伯利参谋学院的学生、第八集团军副参谋长哈定，向他说明了整个计划，并请求他用分散在埃及的零星力量组建一个装甲军。哈定答应为老师想想办法。

当天下午，他得到了满意的答复，哈定说可以组建一个装甲军：包括第五、第八、第十装甲师和新西兰师。每一个师包括一个装甲旅、一个步兵旅和师直属队。新西兰师包括两个步兵旅和一个装甲旅。八月十三日上午，蒙哥马利乘车离开英国大使馆，前去第八集团军司令部。在八月十三日十四时，蒙哥马利就任第八集团军司令。接着，他取消了自己到任以前有关撤退的所有命令，迅速而公正地进行了人事更换，撤换了一些人，补充了一些人。科贝特和多尔曼·史密斯被撤职了，拉姆斯登被撤职了。不久，第七装甲师的伦顿也被撤职。蒙哥马利又从英国调奥利夫·利斯来接管北面的第三十军，调霍罗克斯来接管南面的第十三军，调柯克曼准将任炮兵指挥官，调休斯任第八集团军高级牧师，调威廉斯少校任情报参谋处处长，让拉姆斯登来当新装甲军军长。历史证明，蒙哥马利颇有识人之明，他非常精于选拔部属。在第二次世界大战期间，任何一个集团军的参谋机构恐怕都不能与蒙哥马利的部属相媲美。

蒙哥马利的行动，对第八集团军产生了广泛的有益的影响。八月十九日丘吉尔视察了第八集团军。第八集团军司令部和他所视察的部队所表现出的良好气氛使丘吉尔惊喜不已。集团军所在的阵地都在加强，原本分散过广的部队，已重新编组成坚定有战斗力的军队；第四十四和第十装甲师已到达指定的前方地域。各个部队都在积极有效地行动。

蒙哥马利部署好部队以后，认为在英军发动攻势之前，他迫切需要按自己的想法去打一仗，这一仗要打得漂亮，这样才能恢复集团军全体官兵对高级指挥官的信心。

对于当时的战争形势，人们分析，由于德军物资紧缺，德国名将隆美尔很有可能实施"兴登堡路线"式的撤退，即向西撤退到某个适当的防御阵地上，以缩短过长而危险的交通线，更加靠近自己的基地。此外，有计划的撤退将使英军精心构筑的工事完全失去作用，对德军十分有利。蒙哥马利却认为隆美尔一定会进攻，实际上，德军撤退是不可能的。因为，在德军实施的大钳形进攻中，苏联方向的大量德军将经过小亚细亚南下，与非洲军团会合，向盛产石油的地区和印度洋突进。德军向高加索的大规模攻势仍在顺利进行，此时若是撤退，就是把巨大钳形攻势的另一端后撤，因此隆美尔不可能撤退。

根据集团军情报人员的预测，蒙哥马利制订了作战计划。蒙哥马利以新西兰师箱形阵地的南翼侧为基础，第二十二装甲旅部署在箱形阵地与哈勒法山之间的缺口处，该旅的坦克都隐蔽在阵地上。第七装甲师配置在哈勒法山脊南面，第八装甲旅配置在哈勒法山脊以南一个靠后的阵地上，第四十四师的两个旅配置在哈勒法山脊上，第二十三装甲旅作为后备配置在第二十二装甲旅后面。西面保持一个宽大的正面，如遇敌人袭击时，可以马上撤退。这样的部署是一个典型的蒙哥马利式战役，一切准备活动都是在不慌不忙、时间充裕的情况下完成的。当德军进攻时，一切都已准备就绪了。如果隆美尔向正东方向进攻，他将被第八装甲旅堵住，第二十二装甲旅和两个师的炮兵将从左侧猛击。如果隆美尔向左侧出击，就将面对第二十二装甲旅。总之，无论隆美尔向哪个方向进攻，都将被困住，一旦隆美尔被困，英国空军的飞机将对其实施"地毯式轰炸"。此外，蒙哥马利还把他在训练时用无线电指挥大量火炮射击的试验用于实战。

八月三十一日晚，蒙哥马利像往常一样，到了时间就上床。当隆美尔在后半夜发动进攻时，战局完全像蒙哥马利预料的一样，在哈勒法山战役的最初几个小时内，隆美尔就被打败了。早上八点，德军第二十一装甲师的冯·傅斯麦将军被地雷炸死，非洲军团指挥官涅林也因受伤而不能指挥。当德军坦克纵队在雷场中进展缓慢的时候，英军第八集团军和空军已经完全作好准备：坦克开到指定位置待命，炮兵作好开炮的准备，步兵准备反攻。德军陷入了苦战。

由于燃料短缺，当天傍晚，德军停止使用坦克了。第二天的六时四十分，德军第十五装甲师对哈勒法山脊进行了短时间攻击，后来又分别进行了两次小规模的局部攻击。德军还与英军第八装甲旅进行了一次激烈交战。英军在损失了几辆坦克后，遵照蒙哥马利的指示，把第八装甲旅撤回了。

九月二日，隆美尔开始了第一阶段的撤退，并在第二天加快了撤退速度。由于第八集团军的训练状况还不够好，第一三二旅和第五十皇家坦克团在截断敌军退路时遇到德军顽强抵抗，伤亡重大，为避免装甲部队撞上隆美尔著名的防坦克屏护队，蒙哥马利拒绝了一切要求坦克发起进攻的请求，下令停止这场战役，并且禁止霍罗克斯继续追击敌人和占领希迈马特高地的请求。实际上，英军不追击那是明智之举，由于德军既缺乏汽油，又无制空权，只有诱使英军离开阵地，才能实施有效打击。英军不追击，隆美尔的计划就完全落空。

在这次战役中，德军大约死亡二千九百人，损失了四十九辆坦克及装甲车辆；英军有一千七百余人死亡，损失六十七辆坦克，但英军开始掌握战场主动权。尽管哈勒法山之战只是一次成功的防御作战，但其意义不可低估。它被敌人认为是"沙漠战争的转折点，是各个前线一系列败仗中的第一个败仗，预示了德国的战败"。

战争结束时，罗斯福总统的特使温德尔·威尔基亲临战场。蒙哥马利亲自陪同威尔基到前方地区视察。对于第八集团军来说，正当盟军在挪威、法国、希腊、远东等战场屡屡遭受挫折之时，能向美国总统特使展示德国军团大撤退的景象，实在是一个令人自豪的时刻。

战争胜利以后，第八集团军士气高涨，大家渴望更大的胜利。九月十四日，蒙哥马利制订出阿拉曼战役计划。计划制订好以后，蒙哥马利拒绝丘吉尔提前进攻的命令，专心训练部队。英军甚至还有时间制造了一些机械工具来帮助工兵执行孤独而危险的扫雷任务。在阿拉曼战役中，蒙哥马利发给三个军一共五百个地雷探测器，给扫雷工兵发了长达一百二十英里的标示带和八万八千七百七十五盏灯。

十月五日，第八集团军的情报机关得到了最精确的隆美尔的防御计划：用大约五十万枚地雷，设置了一系列地雷带，在北部和中北部防线上，设置了两条大致平行的地雷带，凭借防御据点形成的"分割墙"，连接南北两面的主地雷场，间隔为四公里至五公里，其间形成一连串的空白地区——这是为了给英军的突破部队设置陷阱。

蒙哥马利得到情报以后，决定让坦克屏护队向前推进，堵住德军的雷场通道的西部出口，用"粉碎性"打击法，消灭敌人防区内的步兵。在这样的情况下，德军装甲部队将进行猛烈的反突击，一旦德军出击，就会遇上严阵以待的第八集团军装甲部队。

为了让敌人摸不清英军发动进攻的日期、主攻地带，蒙哥马利决定实施代号为"伯特伦"的欺骗计划。计划决定不暴露第八集团军在北方的真正意图和实际行动，在南方，则显示正在准备进攻的假象，整个欺骗活动除了传播有利于敌人的假情报以外，还着手从视觉上欺骗敌人。首先是伪装前沿地区的巨大的弹药和其他作战物资的仓库；再用假车辆扮演坦克和其他车辆飞奔而过的假象。蒙哥马利命令，在十月一日，这些必要的假卡车、假大炮、假武器牵引车等都要进入阵地。到了发动进攻前一天，再在夜间把假卡车换成真的作战用车。在承担进攻任务的各师的后方地区，表面上保持全部的车辆密度，用假车辆替代开走的真车辆。这样做可以对付敌人的高空照相侦察。此外，在总攻日前一个月，挖好伪装得不露破绽的细长的战壕，为参加突击的步兵提供在十月二十三日昼间躺卧的场所；与此同时，为了暗示德军主要突击可能来自南面，他还在九月下旬，在南面铺设了一条假输油管。蒙哥马利为保证计划的顺利实施，只向各级军官传达将要发生什么事，一直到最后一天，进攻的命令才传达到了普通士兵，并且停止了一切休假和进城活动。这是迄今为止，人类历史上沙漠战中最精巧的欺骗计划。

在阿拉曼战役后，隆美尔说过这样一句话："这一仗在射击开始之前，就决定了胜负。"确实，在战争中，蒙哥马利在人力和物力上都比他的对手强。此外，他还拥有短而不中断的交通线。

充分的物资准备，完美的欺骗计划，蒙哥马利对阿拉曼战役的胜利充满信心。第八集团军也士气高昂，期待着投入战斗。

十月二十三日傍晚，接替休假的隆美尔的斯图姆将军发给德军最高统帅部的情况报告是："敌情无变化。"晚上九点四十分，英军阿拉曼防线上的一千多门大炮，同时向德军炮兵阵地轰击。二十分钟之内，英军猛烈的炮火重创敌军炮群。接着，第三十军和第十三军的英国士兵，借助探照灯灯光和轻高射炮对固定战线发射出的曳光弹，冲进战场，向敌人进攻。

由于蒙哥马利实施的压制敌炮兵火力的射击和随后的拦阻射击，使敌步兵的重武器和通信设施遭到严重破坏，因此一直到二十四日凌晨，敌人的防御射击都未能对英军构成实际威胁。英军突破德军的前哨防线，向纵深推进。第二十三装甲旅的"瓦伦廷"坦克团和三个步兵师一起推进，而新西兰第二步兵师则在整个第九装甲旅的协助下向前推进。

夜深后，敌人的抵抗加强了，猛烈的炮火向正在雷区摸索前进的英军士兵、车辆和装甲车射击。各处散布的地雷也给英军造成了行动的严重延误与人员的大量伤亡。十月二十四日，左面远处的南非第三旅还处于目标地带。另一个澳大利亚旅、高地师的另外两个旅和一个南非旅没有到达目标地带。第二十三旅和第九旅还没有建立桥头堡。第一装甲师的扫雷分队仅在澳大利亚师的作战地域内开辟出一条通道，而第十装甲师所开辟的四条通道，没有一条超出米泰里亚山脊顶峰。

二十四日中午，蒙哥马利召开了一次会议，下令第十装甲师必须在第三十军全部炮兵的支持下，于当晚打到新西兰师的战线之外，进入开阔地带，以便为新西兰师的进攻提供保护，为此他准备接受重大伤亡。

在战斗中，英国的沙漠空军给敌人造成了严重的破坏。在进攻前，空军对敌人的防御工事实施了猛烈轰炸。十月二十四日，沙漠空军出动了大约一千架次各式战机，"台风"式战斗轰炸机痛击了曾把自由法国旅击溃的德军基尔机群，轻型轰炸机和战斗轰炸机也穿梭轰炸了德军第十五坦克师和利托里奥师的坦克集团。

当夜幕降临时，为保障第十装甲师向前推进的准备工作已在紧张进行。凌晨三点三十分，德·甘冈、利斯、拉姆斯登与蒙哥马利一起开会，原因是：盖特豪斯担心，在拂晓时，进入西斜面开阔地带的第十装甲师的坦克容易被敌人瞄准消灭，他要求退回到东面比较安全的地带，拉姆斯登同意他的观点。蒙哥马利认为在战争中，任何的迟疑或动摇都会使整个战役毁于一旦，因此，他强硬地表示，他的计划必须贯彻执行，绝不允许撤退。如果拉姆斯登或盖特豪斯不赞成继续推进，他将找别人来代替。

此后，英军以极大的代价粉碎了敌人企图摧毁英军突出部的作战行动。蒙哥马利开始指挥步兵部队实施"粉碎性"打击。二十五日夜至二十六日黎明前，澳大利亚师进行了一次漂亮的进攻，迅速获得成功。第一装甲师和高地师却没有取得什么重要进展，第八集团军的进攻势头逐渐减弱。十月二十五日夜，休假的隆美尔回到了前线指挥所。

在二十三日至二十六日拂晓这段时间里，整个第八集团军的损失严重，十月二十六日，蒙哥马利一整天都在周密地思考战场的形势。二十六日中午，蒙哥马利发布了第一组命令：高地师继续在第一目标地带内扫荡。在二十八日夜间，他命令澳大利亚师向北发动第三次进攻，第三十军帮助第一装甲师把队伍推进到腰形山脊以外，第七装甲师继续休整。此外，蒙哥马利还把本战役中尚未参加过激烈战斗的南非师和印度第四师从侧翼调到右边，让新西兰师撤到休整地域；第七装甲师则准备向北开进；第十装甲师继续努力作战，以取得新的战果。二十六日夜至二十七日黎明前，第十装甲师向腰形山脊西北面的"山鹬"防御阵地和西南面的"沙锥鸟"防御阵地发动进攻。这次战斗未按计划进行，但却是整个阿拉曼战役中最英勇的一次战斗，给了隆美尔装甲部队又一次沉重的打击。

二十八日，蒙哥马利给利斯和拉姆斯登下达了命令：腰形山脊地区转入防御；第一装甲师撤出战斗，重新编组。澳大利亚师在北面占领更多的地盘后，经过休整的新西兰师沿着海岸继续打下去。同一天早上，第七装甲师受领了向北进攻的任务。那天夜里，澳大利亚师根据先前部署，进一步攻占德军突出部的阵地。澳大利亚师在进攻中，发现与之交战的德国部队是第九十轻装甲师的第一五五战斗群。这表明隆美尔手头已没有德军预备队，他的全部精锐部队已投入了北面作战地段，企图堵住英军沿海岸向西迪阿卜杜勒拉赫曼的进攻。蒙哥马利立即改变计划，命令澳大利亚师在三十日夜间至三十一日黎明前，向海边发动第三次攻击。

澳大利亚师的战斗十分英勇，夺取了公路和铁路沿线的许多阵地。十月三十一日六时三十分，蒙哥马利将"增压"作战的总攻时间改为十一月二日一时五分，"增压"作战行动开始后，德军非洲军团的指挥官冯·托马将军向隆美尔报告说，如果英国人再继续进攻，他的战线将不可避免地被突破。隆美尔在分析了他的处境后，决定将其部队撤退到防卫力量薄弱的预备阵地——富凯。隆美尔在呈送德军最高统帅部的形势报告中写道："在这种情况下，我们只能认为这支军队将逐步毁灭。"从这一方面来说，蒙哥马利的行动成功了。

这时，上天也站在了英国人一边，德国元首希特勒帮了蒙哥马利一个大忙。十一月三日，希特勒在发给隆美尔的电报中命令："在你目前所处的形势下，除了坚持战斗以外，不能有任何其他想法，不得放弃一寸土地，要让每一门大炮、每一个士兵都投入战斗。"当时，非洲军团只剩下三十辆坦克，这是一道要部队去送死的荒唐命令。英国装甲部队已突入德军南面战场。冯·托马被英军坦克包围，被迫投降。

十一月四日夜间，英军突破了德军非洲军团的阵地，非洲军团开始溃退。隆美尔认识到，他的战线已经彻底崩溃了，在第二天十五点三十分发出了全面退却的命令。十一月五日夜间，隆美尔命令机动部队向马特鲁港撤退。

十一月八日，当蒙哥马利第八集团军在肃清马特鲁港的残敌的时候，同盟国的"火炬"战役开始了。这对德军来说，是一个真正的致命打击，它"宣告了非洲德军的灭亡"。十一月十二日，蒙哥马利把敌人赶出了埃及，阿拉曼战役以英军的胜利而告终。

第八集团军在阿拉曼战役中所取得的辉煌胜利，彻底扭转了同盟国在北非战场的危急局势，成为第二次世界大战的一个重要转折点。英国首相丘吉尔说："阿拉曼战役之后，我们再没有打过一次败仗。"十一月十一日，因为"战功显赫"，蒙哥马利被提升为上将，同时被授予巴斯骑士勋章。

蒙哥马利率领的第八集团军对北非战场的最后胜利做出了巨大的贡献。它最终把隆美尔和他的军队赶出埃及、昔兰尼加（今利比亚）、的黎波里，并协同第一集团军将他们全歼在突尼西亚。

蒙哥马利在此后还参与了西西里岛作战、霸王计划等战斗。在这些伟大的战争中，蒙哥马利作为军事家的天赋一次又一次地得到展现。因为在反法西斯战争中的巨大贡献，蒙哥马利成为英国甚至是人类历史上最伟大的将军之一！

爱出风头的将军
——麦克阿瑟

有人说他骄傲自大，有人说他桀骜不驯，有人说他爱出风头，他就是美国著名的将军——道格拉斯·麦克阿瑟。

其实，与常人不同的是，麦克阿瑟确实有骄傲的本钱，因为，他是美军历史上最年轻的少将和陆军参谋长；他是第二次世界大战中叱咤太平洋的盟军统帅，这样的人，带着光环，带着荣誉，这样的人，怎会不骄傲呢？

最英俊的西点军校学员

一八八○年一月二十六日，道格拉斯·麦克阿瑟在美国南部阿肯色州小石城的一座军营里诞生。道格拉斯·麦克阿瑟出身于一个苏格兰军人世家，其祖先曾参加过中世纪的十字军东征。麦克阿瑟的父亲是当时美国一位著名的将军。

美国前总统尼克松曾这样评价说："麦克阿瑟的一生，包括他天不怕、地不怕，有时甚至近乎蛮干的表现，从某种意义上说，都是为了力争无愧于他的先父阿瑟·麦克阿瑟将军。"确实，从小时候起，麦克阿瑟就已经把父亲当作自己心目中的偶像。

一八八九年七月，麦克阿瑟的父亲晋升为少校，并被调到华盛顿陆军司令部，任高级副官助理。麦克阿瑟第一次来到美国首都，就读于华盛顿军队公立小学。他在那里读了四年，成绩一般。

一八九三年秋，父亲被提升为中校，前往得克萨斯州的休斯敦任职。十三岁的麦克阿瑟进入当地一所军队中学。此时的他样样突出，他不但是学校里的网球冠军，足球、棒球也玩得很好。在班上，他也一直是名列前茅的优等生。一八九七年毕业时，学校授予他金质奖章，并要他代表全体毕业生致告别辞。

中学毕业后，麦克阿瑟决定投考当时美国陆军的最高学府——西点军校。西点军校是美国第一所军种学校，自创办之日起，就一直被视为美国陆军军官的摇篮，培养了许多著名的优秀将领。内战时期南北双方的主将罗伯特·李、格兰特、谢尔曼等都是该校的毕业生。麦克阿瑟渴望进入这所院校。他的母亲从当地的一名国会议员那里获得推荐麦克阿瑟报考西点军校的保证，麦克阿瑟则刻苦复习功课，准备考试。经过努力，成绩揭晓后，麦克阿瑟独占鳌头。

一八九九年六月十三日，道格拉斯·麦克阿瑟来到西点军校报到。此时，他身高五英尺十英寸半，体重一百三十五磅，身材健美修长，长得十分潇洒漂亮，被人称为："军校有史以来最英俊的学员"、"典型的西部牛仔"。麦克阿瑟为能进入西点军校而兴奋不已，在多年后，他仍然认为："作为一个西点人的那种自豪和激情，从来没有丝毫的减弱……我仍然要说，那是我最大的光荣。"

麦克阿瑟可不只是一个长相漂亮的绣花枕头，他在学业上也非常用功，每每在熄灯号吹过，他还点着蜡烛读书。

第一学年结束时，在全班一百三十四名学员中，麦克阿瑟名列第一。在其后的三年中，麦克阿瑟的成绩基本上保持了全班第一。毕业时，他的总成绩平均为九十八点一四分，据说是二十五年来西点军校学员所取得的最好成绩，在以后的许多年里，军校中无人敢向这一成绩挑战。

在西点军校，麦克阿瑟曾连续三年获得同级学员中的最高军阶：二年级时任学员下士，三年级时任第一上士，四年级时任全学员队的第一上尉和第一队长。在西点军校百年史上，获得学员第一上尉和毕业成绩第一这一双重荣誉的，在麦克阿瑟之前只有三个人。

在军事训练和体育运动上，麦克阿瑟也表现不凡。他的军事科目样样精湛熟练，射击和骑术尤其优秀。他还是学校棒球队、足球队、橄榄球队的主力。

一九〇三年六月十一日，西点军校举行一九〇三年应届学员毕业典礼。按照传统，学校邀请了优秀学员的家长参加典礼。麦克阿瑟的父亲成为其中的一员，他自豪地坐在主席台上。

麦克阿瑟以毕业成绩第一名和第一上尉的身份第一个走上主席台，从美国陆军部部长鲁特手中接过文凭。

初期军旅生涯

按照西点军校的传统，高才生毕业后，一般都会进入升迁较快的工兵部队。从西点军校毕业后，麦克阿瑟也不例外地来到工兵部队服役。

麦克阿瑟被分到工兵第三营，派到菲律宾执行勘测任务。在菲律宾期间，麦克阿瑟得了疟疾，十月份，他被迫回国，在旧金山治了整整一年的病。在此期间，为争夺中国东北和朝鲜，日本和沙俄正在进行战争，美国指派老将阿瑟·麦克阿瑟以军事观察员身份，前往日本搜集军事情报。病愈后的麦克阿瑟被派去给他父亲做随从副官。

父子俩赶到日本时，战争已经结束。他们分析估计了日本的军事力量和扩张野心，得出结论是：日本在征服了朝鲜和台湾后，势必要进一步控制太平洋，称霸远东。

后来，他们受命把情报搜集的范围扩大到亚洲其他国家和地区。麦克阿瑟父子耗费了近九个月的时间，巡察了香港、新加坡、缅甸、印度、爪哇、泰国、越南和中国。此行成为麦克阿瑟一生中最重要的经历之一。远东对他有着"不可思议的吸引力"，他甚至认为"美国的未来，以及美国究竟能否生存，都无法不与亚洲及其外围岛屿联系在一起"。在任西点军校校长期间，他下令在校内悬挂亚洲地图，供学员们学习。

一九〇六年十月，他被选派到华盛顿高级工兵学校进修一年。学习结束后，他先在米尔沃基任职，后又被派到莱文沃思，担任驻地二十一个连队中等级最低的一个连的连长。麦克阿瑟发愤工作，每天带队行军二十五英里，同时训练士兵的骑马、爆破和架桥技术。很快的，他扭转了连队的落后局面。随后，他又被调到"第一流的"连队。

一九一一年二月，三十一岁的麦克阿瑟被提升为上尉。第二年，父亲突然去世，母亲病魔缠身。为了照顾母亲，麦克阿瑟要求调到华盛顿，在陆军参谋长伦纳德·伍德的帮助下，这一请求不久就获得批准，他被调到陆军部。

一九一三年九月，伦纳德·伍德任命麦克阿瑟为参谋部的正式成员。麦克阿瑟很快受到伍德的青睐，开始直接参与制订国家的动员和战争计划。

这时，墨西哥爆发了资产阶级民主革命，冲击了美国在墨西哥的利益。一九一四年四月，美国总统威尔逊以墨西哥当局扣留美国水兵为借口，出兵墨西哥。五月一日，麦克阿瑟作为参谋部成员随芬斯顿将军到墨西哥的韦拉克鲁斯搜集情报。

一九一五年十二月七日，在第一次世界大战爆发一年之后，美国准备参战。此时，刚刚晋升为少校，作为参谋长和陆军部长的助手的麦克阿瑟，参与了扩建陆军的行动。一九一六年七月，他被任命为陆军部的新闻检查官，负责联络报界。麦克阿瑟的工作取得了很好的成绩，也获得了众人的赞扬。

在美国国内，各州的国民警卫队纷纷要求成为派往海外的第一支部队。陆军部长贝克感到很为难，他希望创建这样一个部队，兵员来自各个州，这样，每个州都会因为在第一批送往海外的人员中有他们的男儿而感到骄傲。麦克阿瑟建议将二十六个州国民警卫队的编余部分合在一起，正式编成一个师，把这个新组建的师（第四十二师）取名为"彩虹师"。此建议被采纳后，不久麦克阿瑟被破格提拔为上校参谋长。由于师长威廉准将不久就要退休，于是任由麦克阿瑟处理军中事务，麦克阿瑟成为该师的真正支配者。

一九一八年二月，"彩虹师"开进洛林地区。一九一八年二月二十六日夜，麦克阿瑟乔装打扮，随同法国人的突击队袭击德军阵地。战斗很激烈也很残酷，袭击行动很成功。由于在行动中的表现，麦克阿瑟获得了首枚法国十字军功章和美国的银星章。

在洛林地区，"彩虹师"坚守长达四个月之久。麦克阿瑟在这一段时间中，获得十字军功章和美国的服务优异十字勋章；此外，他还因中过毒气而获得紫心勋章（此勋章专门授予作战中负伤的军人）。在这四个月中，他的照片经常出现在报纸上。报纸上的麦克阿瑟着装与众不同：头戴软帽，身穿高领毛线衫，脖子上围着长围巾，腿上绑着闪亮的裹腿。因为这身打扮，新闻界称他为"远征军中的花花公子"。而他之所以打扮得如此与众不同，只是为了使自己出名。

事实上，麦克阿瑟确实是第一次世界大战中的英雄。他精通战术，在作战中身先士卒，同部属并肩战斗、患难与共，赢得了官兵的钦佩和仰慕。不过，他也是个爱慕虚荣、喜欢自夸的人。这就是麦克阿瑟，一个喜欢出风头的军人。六月二十六日，三十八岁的麦克阿瑟被提升为临时准将。

七月四日，"彩虹师"在经过短暂的休整后，重返前线，先后配属给兰斯附近的法国第四和第六集团军。这一地区是德军重点突击目标。七月十五日凌晨，德军发动进攻，麦克阿瑟带领"彩虹师"英勇作战。八月五日会战结束，德军被赶回马恩河北岸，协约国方面得到了战略上的主动权。因作战英勇，麦克阿瑟又获得两枚银星章和一枚法国十字军功章。

九月下旬，协约国军队对德军发起总攻，"彩虹师"参加了默兹—阿尔贡进攻战役。在进攻夏蒂隆山时，美军曾一度受挫。在战斗中，麦克阿瑟中毒严重，双目几乎失明，但他坚持留在阵地上指挥战斗。麦克阿瑟调动兵力，组织连续进攻，夺下二八八、二四二高地和夏蒂隆山，完成了预定作战任务。

十一月十一日凌晨五时，德国人在停战协议上签了字，第一次世界大战以协约国的胜利而告终。在这次大战中，"彩虹师"

共伤亡一万四千六百八十三人，为美军立下了赫赫的战功。主要指挥官麦克阿瑟成为大战中受勋最多的军官之一，也是被提升为准将的最年轻军官之一。在战争结束时，他被提升为师长。"彩虹师"的全体官兵送给他一个金烟盒，上面刻着："献给勇敢的人们中最勇敢的人——全师赠。"

最年轻的军校校长

第一次世界大战结束后，一九一九年四月，麦克阿瑟回国。五月十二日，他被召到华盛顿，晋见陆军参谋长佩顿·马奇将军。

马奇将军召集麦克阿瑟绝不是偶然的。第一次世界大战以后，西点军校一片混乱，为了在战争中向法国前线输送大量的军官，军校的学员们都提前毕了业。在校生只有一年级的学员，教程也被缩短为一年，西点军校成了一个不伦不类的短期训练班，学员素质低劣，教学质量下降，学校秩序混乱，学员酗酒闹事、打架斗殴的事件时有发生。对于这种状况，学校的教职员工们感到十分痛心和不满，大批人士辞职离校，西点军校面临垮台危险。在这样尴尬的时期，美国国内又在呼吁和平与裁军，面对这样的情况，国会对西点军校的存留问题展开了激烈的辩论，人们在议论，如果不再发生像第一次世界大战这种规模的战争，保留西点军校这样一所代价高昂的军校是否还有必要？

虽然最后国会中主张停办的一派没有成功，但他们提出的尖锐批评例如僵化死板的教学内容和因循守旧的教学方法等，都是实情。马奇将军也是西点军校的毕业生，对母校有着深厚的感情，他很清楚西点军校的利与弊，决心整顿西点军校，修改学校的教学计划和课程设置，改变不合理的规章制度。这一切，需要一位有魄力的校长来实施。马奇将军选中了敢想敢干、具有卓越领导才能的麦克阿瑟。在这样的情况下，三十九岁的麦克阿瑟走马上任，当上了西点军校历史上最年轻的校长。

一九一九年六月十二日，麦克阿瑟来到西点军校。他一上任，就对军校各方面的工作进行全面调查研究，每天深入到教员中了解情况。一九二〇年，麦克阿瑟提出了改革西点军校的措施：

第一，麦克阿瑟领导修改了军校的条令条例，在条令条例中，规定了高年级和低年级学员的责任和义务，规定了低年级学员和学员队的基本利益，要求班级之间应以礼相待。按照西点军校的传统惯例，学员在校期间不许吸烟，不许看晨报，不许收邮包，不许在周末离开营房等。麦克阿瑟废除了这些不合理的制度，这些看上去微不足道的措施，在学员中却产生了极大的影响，满足了他们的自尊心，推动了他们的学习积极性。

第二，麦克阿瑟认为，世界形势日趋复杂，不断变化，必须使教学内容现代化，使学员所学知识能够适应未来战争的需要。在他倡导下，西点军校增设了空气动力学、内燃机学和演讲艺术等课程。

第三，西点军校一向有体罚学生的传统。麦克阿瑟对各种体罚方法进行了调查后，下令取消了惩罚手段，转而强化思想政治工作，以提高学员的自觉性和责任感。

第四，麦克阿瑟认为，体育运动对现代军官的培养及今后的发展，具有极其重要的作用，因此，他把体育锻炼放在与文化学习、军事训练同等重要的地位。在西点军校，每个学员每学年必须用六周的时间进行各种球类和田径训练，并组建了十一个校级体育代表队。

麦克阿瑟出色的领导，赢得了西点人的敬佩。在一九一九年六月到一九二二年六月，短短的三年时间里，麦克阿瑟的改革使西点军校获得了新生。在麦克阿瑟漫长的人生历程中，有许多被人们诟病的地方，人们至今仍争论不休，但人们却一致认为，是他领导西点军校跨进迅速发展变化的世界，是他开始了现代军事教育。他在美国军事院校方面所做的开拓性努力，是对建设现代美国军队做出的最重要的贡献之一。

一九二二年六月，麦克阿瑟离开了西点军校。上任后的新校长继续推行麦克阿瑟的改革路线，后来，西点军校的名望逐渐恢复，一九二七年，西点军校被美国大学联合会所承认；一九三三年，国会批准西点军校有权授予毕业学员理学学士学位，并准许西点军校学员享有罗兹奖学金候选人资格。

事实上，一直到生命的最后阶段，麦克阿瑟最难忘怀的仍然是西点军校。一九六二年五月十二日，西点军校授予他一个勋章，叫西尔维纳斯·塞耶奖。塞耶是西点军校的创始人，能够得到塞耶奖的人，在西点军校是寥若晨星。八十二岁高龄的麦克阿瑟得到这个通知时，不顾疾病缠身，赶往西点军校领奖。此次领奖，倒不是麦克阿瑟的一贯虚荣心作祟，麦克阿瑟对自己的妻子琼说："在美国的将军中，我获得的战功是最多的，但是我最看重的是这一块，即使是手脚并用，我也要爬到西点军校。"

在西点军校领奖的时候，他发表了他一生中最后一次也是最精彩的一次演讲。他说："同学们，你们所从事的职业是武装的职业，这种职业需要必胜的意志，在战争中没有也不可能有任何东西可以代替胜利，你们是国家安全的守护者，是国家的卫兵，是国家在战争竞技场上的斗士。如果你们失败了，国家就会灭亡，不要让那些文人政客的政变牵扯你们的精力吧！恳求你们，你们的心中只有一个目标，那就是我们西点军校的校训：责任、荣誉、国家。我现在老了，耳朵听不见什么了，但我仍然渴望听到军号那迷人的旋律，听到从长长队列里传来的阵阵鼓声。即使在梦中，我还渴望再次听到炮声、枪声和战场上那奇怪的哀鸣。在记忆的黄昏，我时常回到西点军校，想起我魂牵梦萦的校训：责任、荣誉、国家。今天，在我即将淡出人生、淡出世界的前夕，我最后一次和你们一起接受我们西点军校的点名吧！永别了，西点！永别了，我的同学们!"

麦克阿瑟这个演说讲完之后，整个会场一片沉寂，学员们都掉泪了！这位八十二岁的老人，这位趾高气扬的将军，终其一生，都把西点军校作为自己最重要的精神家园。

坚定的主战分子

一九二五年一月，四十五岁的麦克阿瑟成为陆军中最年轻的少将。与此同时，他开始担任第三军区司令。

一九二九年三月，赫伯特·胡佛就任美国第三十一届总统。胡佛很欣赏麦克阿瑟。一九三〇年十一月二十一日，麦克阿瑟宣誓就任陆军参谋长，领临时上将军衔。当时，麦克阿瑟正好五十岁，是美国陆军史上最年轻的参谋长，也是全国唯一的四星将军。

二十世纪三十年代初，美国陆军正规军只有十三万，加上十八万的国民警卫队，在各国军队中居第十六位。陆军经费只有三点五亿美元。美国陆军不但在数量上少得可怜，在质量上也非常差。美国能够投入战场的一千辆坦克中，只有十二辆是新式的；飞机一千五百架，其中大部分已经过时。很多人发现，美国陆军的兵力及其战备水平已处在危险线之下。毋庸置疑，当时的陆军在计划、训练、编制、武器装备等方面存在许多弊端，急需革新和改进。然而，早在麦克阿瑟上任的一年前，美国遭遇了严重的经济危机，工业生产总值下降了百分之四十六，生产水平倒退了二十年，一千多万人失业。许多人饥寒交迫，靠沿街乞讨度日。美国采取了各种解救办法，其中包括削减经费、裁减军队，但美国的经济状况继续恶化。在美国各地，和平主义思潮情绪高涨，陆军参谋部的一切在陆军建设上的努力和计划都将面临严峻的挑战和考验。随着经济形势的继续恶化，总统和国会要求陆军进一步缩减开支，关闭基地，要把军官人数从一点二万裁减到一万。为了阻止这一计划，麦克阿瑟毫不畏缩地进行了抗争。

一九三一年秋，日本侵占中国东北三省，麦克阿瑟支持国务卿史汀生，主张对日本实施经济制裁，胡佛总统不愿触怒日本，加以拒绝。不久，胡佛派麦克阿瑟参加世界裁军大会，麦克阿瑟不肯参加，他认为杜绝战争的方法是制止战争，而非解除武装。

由于这些言行，麦克阿瑟成为媒体的焦点人物。由于他为战备进行辩护，批评者们称他是"盗贼"、"战争贩子"、"虚张声势的好战分子"。不过，生性骄傲的麦克阿瑟坚定地认为自己的主张是正确的，他压根不理睬这些批评。

一九三三年三月，罗斯福就任美国第三十二届总统。一九三四年，为了弥补财政赤字，政府要求陆军将第二年的经费预算削减一半，麦克阿瑟与罗斯福展开了激烈的争论，因为麦克阿瑟的据理力争，罗斯福站到陆军一边来了。一九三五年，国会批准陆军经费为二点八四亿美元，比上一年稍有增加，并将陆军兵力增至十六点五万人。

一九三四年，麦克阿瑟的参谋长任期期满。同年十二月十二日，罗斯福总统宣布麦克阿瑟继续留任，这让麦克阿瑟有时间争取国会批准陆军一九三六年度预算。在他的努力下，一九三六年的陆军经费增加到三点五五亿美元。

一九三五年十月一日，麦克阿瑟正式离任参谋长。由于在任参谋长期间，麦克阿瑟对制定正确的防务政策以及不断加强国家安全的法律贡献显著，他又得到了一枚服务优异十字勋章。嘉奖令中称赞他说："他设想并发展了我国地面部队的四个集团军组织；设想并建立了航空队总司令部，因而大大增强了我国的空防能力；他制订了一项使陆军的战术、装备、训练和组织现代化的综合计划。"

对抗日本

一九三五年十一月，菲律宾结束美国的总督制，实行自治的联邦政体。而麦克阿瑟的老朋友曼努埃尔·奎松已成为菲律宾的领袖。奎松意识到，一个走向独立的联邦政府必须拥有一支自己的军队，而不能把自己永远置于美国的保护之下。因此，在访问华盛顿期间，奎松邀请麦克阿瑟到菲律宾去当他的军事顾问，帮助他建立一支军队，并对国土防御作各项规划。

从参谋长职位退下以后，麦克阿瑟接受了奎松的邀请，率领全家老小前往菲律宾。到达菲律宾以后，麦克阿瑟在艾森豪威尔等人的帮助下，迅即组建菲律宾军队。菲律宾军队的组建基本上以瑞士军队为模式，即在原有的保安队基础上，组建少数常备军作为军队的骨干，每年训练四万民兵，到一九四六年菲律宾完全独立时，它就可以拥有四十个师总共四十万人的兵力，在军事上具备自卫能力。

一九三六年，麦克阿瑟被奎松授予菲律宾陆军元帅的荣誉军衔。一九三七年，麦克阿瑟退出美军现役。一九四一年七月，美国为了抗击日本，在菲律宾建立了远东美军司令部，被人称为"菲律宾通"的麦克阿瑟恢复美军军职，任远东美军司令，统帅美菲联军。

一九四一年十二月八日，太平洋战争正式爆发。十二月八日，日军集结大规模兵力，向菲律宾发起了闪电式的进攻。十二月二十二日，在吕宋岛仁牙因湾的卡巴和阿克，日军第四、第七战车团配合步兵登陆。

虽然远东司令部成立时，美国曾向麦克阿瑟许诺提供武器、战备物资及军队支持，但是，由于美国国内奉行"先欧后亚"政策，而美国情报部门对日本发动战争的时间估计错误，一直到战争爆发多时，麦克阿瑟都没能拿到国内的援助。远东美军的武器装备极其落后，美菲联军在日本九七式中型坦克的追杀下溃不成军。美军第一九二、第一九四坦克营遭受歼灭性打击。十二月二十四日，登陆日军形成南北夹击首都马尼拉、围歼美菲联军主力的有利局势。在被动挨打的形势下，麦克阿瑟命令吕宋岛守军撤往巴丹半岛和科雷希多岛。

一九四二年一月初，日军占领马尼拉。一月九日，日军向巴丹半岛发起进攻，双方展开激烈的战斗，战局陷入胶着状态。三月中旬，麦克阿瑟接到国内命令，撤离菲律宾转赴澳大利亚。留守的美军与日军殊死战斗，在弹尽粮绝的情况下，守军七点五万人（其中美军九千三百人）于四月九日投降。第二天，美菲联军战俘被押往邦板牙省的圣费尔南多，途中，日军虐待俘虏，几千战俘死于饥饿、疾病或被杀害，史称"巴丹死亡行军"。五月七日，日军攻占科雷希多岛，一点五万美菲联军被歼灭。五月十日，驻棉兰老岛和北吕宋山区的美军投降。十八日，驻班乃岛美军停止抵抗。从此，日军控制了菲律宾全境。美军在菲律宾的惨败，日军对待战俘的残忍，这些对于骄傲的麦克阿瑟来说，是刻骨铭心的奇耻大辱，他发誓要报仇雪恨。在离开菲律宾时，他掷地有声地说："我还要回来!"

一九四三年，盟军展开大进攻，太平洋战局逆转。作为西南太平洋盟军总司令的麦克阿瑟，怀着坚定的复仇信念，在众多的岛屿之间采用"蛙跳"进攻战术，指挥了一次又一次的两栖登陆战役。一九四三年八月，美军收复阿留申群岛，十一月，美军攻占吉尔伯特群岛。一九四四年七月九日，美军占领塞班岛，八月，美军攻占关岛，同时，美军控制了整个新几内亚。就这样，麦克阿瑟一步步地接近了让他魂牵梦萦的菲律宾。

一九四四年九月，日军在太平洋已完全处于战略守势。菲律宾是日本设置的决战地带之一，为了固守这一战略要地，日军大本营决定在菲律宾成立简称"尚武"的第十四方面军，任命山下奉文为司令官，准备与美军决一死战。

山下奉文于一八八五年十一月生于日本高知县，先后毕业于广岛陆军幼年学校、陆军士官学校和陆军大学，是一个典型的法西斯军人。他曾任陆军大学教官、驻奥地利武官、步兵团长等职。一九三二年调任陆军省军务局军事课课长。一九三四年八月，山下奉文晋升少将，调任朝鲜军第二十师第四十旅旅长。一九三七年七月七日，日本发动全面侵华战争，山下奉文率第四十旅到北京参战，指挥所部攻下南苑，之后又转战长辛店、廊坊一带。一九三八年晋升为中将，就任华北方面军参谋长，成为侵略华北地区的直接策划者。一九三九年山下奉文调任关东军驻佳木斯第四师师长，镇压中国东北抗日武装。一九四〇年任日本航空总监兼航空部部长。一九四一年六月山下奉文率军事代表团到德国、意大利考察装甲兵作战经验，回国后被任命为满洲防卫军司令官。他提出优先发展航空兵和机械化部队的建议，认为装甲兵应以中型坦克为主集中使用。后来在他的影响下，日本关东军在中国东北四平建立了"机甲军"。

一九四一年十二月八日太平洋战争爆发后，山下奉文指挥的日军第二十五军成为入侵东南亚的先锋。山下奉文借鉴德国的经验，组建了第三战车群，采用"电钻"战术，指挥日本坦克兵，在一连串的登陆作战中，配合步兵，屡战屡胜，取得了很大成功。在战争中，山下奉文的坦克部队无坚不摧，令盟军部队闻风丧胆，四处逃命。因此，山下奉文得到"马来之虎"的绰号。

此次，为了对抗麦克阿瑟，日军统帅部希望"马来之虎"在即将到来的菲律宾决战中创造奇迹。第十四方面军下辖第三十五集团军，计八个步兵师和四个独立混成旅，约三十五万人。同时，日本关东军驻中国黑龙江的第二次世界大战战车师的主力第三战车旅（下辖第六、第七战车团）也调至菲律宾加强防御。山下奉文对当时的战局看得非常清楚，预见了这对于日军来说是一场毫无胜利可言的战役，但他在总动员时还是对幕僚们说："日本帝国的命运就寄托在这场关键之战了……全体将士要坚决战斗！拼死取得最后胜利！"

一九四四年夏天，美参谋长联席会议命令麦克阿瑟率部夺取菲律宾莱特岛。莱特岛位于菲律宾中部，是菲律宾的心脏地带，一旦攻占莱特岛就可以将菲律宾拦腰截断，利于分割歼敌，同时还能获得机场和进攻基地。此次战役，对于美、日双方来说，意义都极为重大。

在莱特岛，山下奉文部署了两万步兵，其主力为日军第十六师，配置了两个战车连。九月中旬至十月下旬，美军开始大规模行动。首先，美军空军连续空袭菲律宾、台湾和冲绳等地，炸毁大量日军飞机，夺取了制空权。一九四四年十月二十日，由六百艘舰船组成的舰队，包括载有十万人的美军运输舰，在飞机和舰炮猛烈火力的配合下，开入了莱特岛湾。

十月二十日，美军在莱特岛东岸登陆，向守岛日军发动强大的攻击。当天，麦克阿瑟随同部队登陆。下午，麦克阿瑟在一辆装有大功率无线电发射台的车上，利用麦克风喊道：菲律宾人民，我麦克阿瑟终于回来了！

二十五日，美军和日军展开了激烈的莱特岛争夺战，美军投入第七六七、第四十四、第七〇六、第七六三中型坦克营和第七七六、第七八〇水陆坦克营参加战斗。激战中，美军击毁了约三十辆日军九七式中型坦克、九五式轻型坦克、特二式"内火艇"水陆坦克和九四式轻装甲车。二十三日到二十六日，在莱特湾附近，双方海军展开了规模浩大的海战，日本海军遭到毁灭性打击。

十月底，日军第一、第二十六师和第六十八旅相继前来增援莱特岛，日军还使用了"神风"自杀飞机和特攻艇攻击美军舰船，战局呈胶着状态。一时之间，十八万装备精良的美军竟然拿不下一个小小的莱特岛,这实在让麦克阿瑟焦急万分。

麦克阿瑟经过考虑,决定用两面夹击的方法占领奥尔莫克港,从背后分割已在莱特岛上挖沟筑垒、作好防备的日军。一九四四年十二月七日,美军第七师在奥尔莫克湾登陆,十二月十日完全占领该港,美军得手以后,继续向前推进。

二十五日,莱特岛上的日本守军第十六师被分割,大部分被围歼,小部分组成自杀小组逃到山里,直到日本投降才放下武器。针对不利局势,山下奉文决定停止莱特岛之战,准许日军第三十五军残部撤退到中南部菲律宾岛屿。

此后,山下奉文决心"独立抗战,永久抗战",他将驻扎在菲律宾吕宋岛的二十八点七万日军编成三个集团,分别驻守北部和中南部山区,构筑坚固防御据点,企图与美军展开持久战,借此消耗美军实力。

然而,当时日军武器弹药明显不足,制海、制空权都已经被美军掌握,日军无法补充粮食、燃料等物资。菲律宾本国的游击队遍及全国。到一九四五年元旦,山下奉文已穷途末路,只得转入新司令部所在地——吕宋岛中西部避暑胜地碧瑶山。

一九四五年一月三日,已晋升为五星上将的麦克阿瑟在"波依斯"号轻巡洋舰上,指挥美军兵分三路,同时进攻。一方面,二千一百艘登陆艇、美第六集团军约二十万人从吕宋岛西岸的仁牙因湾登陆,另一路美军(第一军)向北吕宋岛进攻,还有一路(第十四军)则向马尼拉方向推进。一月十七日,爆发了太平洋战争日、美之间最大的一场坦克交战。日军第二次世界大战战车师第六战车旅及其他师属营,在马尼拉以北的木诺兹、卢保、圣荷西三角地带,展开行动,阻滞美军进攻,敌我坦克激烈厮杀,双方损失惨重。最后,无论是装备还是兵力都占据优势的美军获得胜利，日军第六战车旅被全歼，旅长重见伊三雄被击毙。

一九四五年二月初，美军部队离马尼拉还有一百多公里。麦克阿瑟得到情报，山下奉文已没有能力把所有的盟军战俘全部运回日本，但是，他也不打算让麦克阿瑟看到一个活着的巴丹老兵！麦克阿瑟决心不惜一切代价，救出盟军战俘。

于是，麦克阿瑟快速行动起来，组成了一支几百人的"快速突击部队"，坦克和机动车辆在前夺路，军队随之疾进，向马尼拉发起最后的冲刺！M-4"谢尔曼"坦克绕过日军的据点，不分昼夜地前进。二月三日下午七时，在菲律宾游击队的协助下，突击部队还没等日本兵反应过来，坦克已冲开了关押战俘的圣托马斯大学校门，快速突击部队横冲直撞地进入了马尼拉，救出三千七百名战俘。第二天，美第三十七师的先锋部队又从老比利比德监狱救出一千五百名盟军战俘，其中有八十名是被日军称为"好斗的巴丹杂种"的巴丹老兵。二月七日，麦克阿瑟不顾手下人的劝阻，冒着枪林弹雨，乘一辆坦克直奔马尼拉，驻守马尼拉的日海军部队与美军展开长达四个星期的巷战，至三月三日，美军才完全占领马尼拉，此时，日军血腥的手已把美丽的马尼拉彻底毁灭。

麦克阿瑟冲进马尼拉时，山下奉文仍在吕宋岛的山林中辗转。美军步步逼近，残兵四面楚歌，供应断绝，疾病流行，病死或饿死者十分严重，但日军依旧顽固抵抗，直到广播里传来天皇裕仁的停战诏书时，日军的余部近七万人才放下武器。一九四五年九月三日，山下奉文在投降书上签下了自己的名字。

一九四五年八月十五日，日本无条件投降，被杜鲁门总统任命为驻日盟军最高司令的麦克阿瑟，负责对日军事占领和日本的重建工作。九月二日，在"密苏里"号军舰上，盟国举行受降仪式，日本外相和参谋总长代表日方签署投降书。头戴破旧军帽、鼻梁上架着太阳镜、嘴里叼着玉米轴芯烟斗的麦克阿瑟代表盟国签字受降。

在签字受降时，麦克阿瑟特意安排太平洋战争初期即被日军俘虏的美国将军温赖特和英国将军珀西瓦尔站在身后的荣誉位置，动用五支笔签署英、日两种文本的投降书。第一支笔写完"道格"即送给温赖特；第二支笔续写"拉斯"之后送给珀西瓦尔；第三支笔签完"麦克阿瑟"后送交美国政府档案馆；第四支笔开始签署他的职务和军衔，签完后送给他的母校西点军校；第五支笔是麦克阿瑟军服口袋内掏出的粉红色小笔，签完其职务和军衔，送给麦克阿瑟夫人。

在受降仪式上，麦克阿瑟发表了演说："我们，各交战国的代表，聚集在这里，签署一个庄严的协议，因而使和平得以恢复……我本人真诚希望，其实也是全人类的希望，是从这个庄严的时刻起，将从过去的流血屠杀中产生一个更美好的世界，产生一个建立在信仰和谅解基础上的世界，一个奉献人类尊严、能实现人类最迫切希望的自由、容忍和正义的世界。"

另一种俄国勋章
——朱可夫元帅

第二次世界大战中，名将众多，他们个个璀璨夺目。华西捷列夫斯基、科涅夫在苏联，艾森豪威尔、布雷德利、巴顿在欧洲，蒙哥马利在北非，尼米兹、哈尔西和麦克阿瑟在太平洋，都是为反法西斯战争立下汗马功劳的人物。

不过，与他们相比，在第二次世界大战中授衔的苏联元帅中，朱可夫是年纪最轻、声誉最高的一位。

朱可夫先后获得六枚列宁勋章、一枚十月革命勋章、三枚红旗勋章、两枚一级苏沃洛夫勋章、两枚"胜利"最高勋章，以及多枚奖章和外国勋章。

1930年代苏联大清洗，无数的高级将领被杀。朱可夫却越过几个资格更老、职位更高的元帅，成为仅次于斯大林的最高副统帅，与斯大林共同站在红场列宁墓前检阅红军。如此荣耀很大一部分原因在于朱可夫在卫国战争中不可替代的重要作用，斯大林也不得不将他提到如此高的地位。

朱可夫可不仅是苏联人的英雄，第二次世界大战时期，盟军的最高司令官、后来的美国总统艾森豪威尔曾经说过这样一句话："有一天肯定会有另一种俄国勋章，那就是朱可夫勋章，这种勋章将被每一个赞赏军人的勇敢、眼光、坚毅和决心的人所珍视。"

　　五十多年过去了，在一九九五年世界庆祝反法西斯战争胜利五十周年时，法国总统希拉克说了这样一句话，被各国首脑认为很贴切："如果同盟国只有一枚军功章，那就只能授予朱可夫！"

　　朱可夫究竟是怎样的一个英雄？他究竟做出了何种成就呢？

崛起

　　与其他欧美名将的出身不同，格奥尔基·康斯坦丁·朱可夫不但不是名门后代，而且家庭非常贫穷。

　　俄历一八九六年的十一月十九日，朱可夫出生在一个破旧的房屋里面，房间的一角已经深深地陷在地里，墙壁长满了青苔，房顶长着野草，全家就一间房，两扇窗。

　　朱可夫出生以后，家里更加困难。母亲在农闲之时，都要到城里给人背东西，所得工钱十分微薄，讨饭的都能讨到多于他母亲打零工赚的钱。即使家庭经济情况十分糟糕，朱可夫的父母还是想尽办法，节衣缩食地送孩子去读书。

　　朱可夫成为军人，也并非自己的意愿。第一次世界大战爆发，沙皇俄国参加了战争。为了满足战场上的兵员需求，俄国开始大规模征兵。一九一五年八月，沙皇发布法令，凡一八九六年出生的青年男子必须参军作战。朱可夫恰恰是这一年出生，不得不从军作战，当了一名骑兵。

　　后来，"十月革命"爆发，俄国退出了第一次世界大战，朱可夫回到了家乡。一九一八年八月，朱可夫响应新政权的号召，

另一种俄国勋章——朱可夫元帅

参加了苏联红军，在莫斯科骑兵第一师第四团当了一名普通的士兵。

朱可夫平时说话不多，但打仗勇敢，不怕死，对于军人来说，这就是一个高贵难得的品格。

一九二一年春，朱可夫已经是第二骑兵连的连长，手下有一百多人。这一年，他在坦波夫省与安东诺夫的白匪军作战。在坦波夫省的这次战斗中，朱可夫的连队遇到二千余名哥萨克骑兵，敌我实力极其悬殊。可是，朱可夫没有丝毫畏惧，他带领军队，坚守了七个小时，打退了对方六次进攻，守住了阵地。战斗结束后，这件事情成为全军的重大新闻，朱可夫也因为此次战役的出色表现，获得了红旗奖章。

与此同时，朱可夫受到了苏联红军高层的注意，苏联元帅图哈切夫斯基也因为坦波夫省的战斗记住了朱可夫。在战争年代，军队是按军功行赏的，只要能打仗，晋升的机会就多，朱可夫很快就从连长提升为团长。

一九二四年，苏联国内战争结束，苏联高层利用和平时期进行苏军第一次改革，他们把战争时期表现优秀的军官提拔上来，取代那些保守的军官。一九二四年底，五百五十万人的苏军裁减为五十六万人，但朱可夫被留了下来。

作为前途无量的青年军官，朱可夫留在军队以后，就被送去上学。当时苏联军官入学深造，必须是高级将领提名，朱可夫上学深造就是由苏军改革的倡导者伏龙芝提名的。一九二四年底，朱可夫来到列宁格勒，进入高级骑兵学校就读。与朱可夫同批入校的学生在苏联红军的历史上，个个都是精英，后来在苏联的卫国战争中，在朱可夫的班上，几乎可以找出第二次世界大战期间苏军所有高级将领的名字，如苏联元帅巴格拉米扬、罗科索夫斯基、叶廖缅科……

第一次世界大战结束之后，德国著名将领塞科特提出了建立一个精而不是多的小型军队的思想。塞科特的思想引起了苏联元帅图哈切夫斯基的关注。图哈切夫斯基从塞科特小型军队思想中，体悟到精髓的部分——质量建军，于是，图哈切夫斯基决定也在苏军中建立机械化部队。他打算先在布琼尼指挥下的骑兵部队中进行机械化改革，先成立两个坦克团。斯大林非常支持图哈切夫斯基的这个想法。

由于这次改革具有试验性质，高层很重视，要求坦克团的团长必须是最优秀的军官。当时，朱可夫在这个部队的第三十九团当团长，名字就在首选名单之列。几年前，在坦波夫省，朱可夫率领一个连与二千名哥萨克白匪军战斗的事情，让斯大林对朱可夫的名字印象很深，所以，他毫不犹豫地选了朱可夫的名字。随着一道命令下达，朱可夫成为苏军装甲部队的奠基人之一。

坦克部队初创，朱可夫肩上的压力之大可想而知。朱可夫为了带好部队，很能吃苦，他很少在司令部机关待着，依靠参谋、下面军官的汇报来了解情况。他总是自己深入部队，发现问题，并及时解决。

朱可夫为人随和，很少发过脾气。他治军很严格，但靠的是制度，在自己的职权范围之内，朱可夫制定了一系列严格的制度：士兵进入炮场，进入车场，训练的时候，必须穿训练服；不在训练的时间之内，必须脱下训练服；训练结束，坦克必须马上清洗干净；全团官兵仪容必须整洁，皮靴也应擦得锃明瓦亮等。如果有人违反规定，又不听劝告，朱可夫会毫不犹豫把他送到军事法庭。

有一次，朱可夫检查全团的军容风纪，他发现有一名士兵的皮鞋擦得不干净。朱可夫认为，在这种情况下，最重要的问题不是靴子没有擦干净，而是军官对这件事不重视。士兵可能是忘记擦靴子，可是，管理者本应当在士兵出勤前就要求他们擦好靴子。

事情糟糕在全团显然没有人帮助自己的战友擦干净自己的靴子，朱可夫让人找来擦鞋工具，他让士兵把右脚放在凳子上，然后自己坐下来，认认真真地为他擦鞋。朱可夫替士兵擦皮靴的事情，在全团引起很大的轰动，从此全团官兵都自觉地用条令规范自己的行动。

经过这些努力，全团官兵都感觉朱可夫力量的存在，他们依赖他，信任他，尊敬他，但并不畏惧他。很快，朱可夫就把这个坦克试验团训练成全军素质最高的部队。

从此，一直到苏、德战争爆发，朱可夫仅用短短十余年的时间就从骑兵团的团长一直升到了苏联副国防人民委员兼总参谋长职位。

诺门罕之战

一九三九年五月中旬，在与中国的抗日战争进入相持阶段的时候，日本为日后进攻西伯利亚作准备，试图窥探苏军的实力，于是从中国战场抽调一些兵力，对驻扎在中国内外蒙交界的诺门罕的苏联驻军进行武力侦察。

一九三九年五月十二日，日本关东军第二十三师师长——小松原道太郎中将率领部队向苏军第五十七特别军发起了攻击。

斯大林意识到日军在诺门罕行动的真实企图，决定必须粉碎日军这次军事行动，他决定派朱可夫到前线去。斯大林向朱可夫指示："在尽可能短的时间内，击溃日本人，不要让他们越过蒙古边境。"

一九三九年六月五日，朱可夫到达战场。朱可夫到前线视察以后，根据掌握的最新情报，向斯大林请求增兵。他认为在诺门罕必须使用航空兵配合下的装甲作战。斯大林连续派了五万七千名士兵，坦克四百九十八辆，装甲车三百八十五辆，飞机五百一十五架，还有五百四十二门火炮。

七月二日，在苏军增援部队到达战场之前，日军抢先向苏军和蒙古军队发起了进攻。当时，日军有三万八千人，苏军只有一万二千五百四十一人。朱可夫指挥装甲坦克部队、机械化部队，连续反击使得日军伤亡惨重。

日军首战受挫以后，就开始大规模向诺门罕地区增兵，第六集团军奉命增援诺门罕，准备在八月二十四日发起总攻，歼灭朱可夫的部队。这个时候，朱可夫的增援部队已经赶来，打算实行反击。为了迷惑敌人，朱可夫采取了措施，他下令摘掉坦克的消音器，对着阵地来回地开动。日军听到轰隆隆的坦克声，一开始很紧张，但是几天之后，还是如此，日军判断错误，认为这只不过是苏军正常兵力调动！

朱可夫在噪音的掩护下，悄悄地完成了作战准备。朱可夫还隐藏自己准备反攻的行动，他运来十几架打桩机，在阵地前树立起来，为日军制造出苏军正在构筑防御阵地的假象。

朱可夫的欺骗措施成功了。

一九三九年八月二十日早上五点四十五分，苏军向日军发动了猛烈的突击，一百五十架轰炸机，几百门火炮，同时轰炸日军

另一种俄国勋章——朱可夫元帅

阵地。毫无准备的日军还在睡梦中就丢掉了性命。

苏军首战告捷，继续向纵深进攻，朱可夫命令第三十九师攻打日军一个阵地。由于这个阵地对整个战役行动影响很大，日军抵抗得十分顽强，苏军伤亡很大。三十九师师长请求暂缓进攻。朱可夫认为，在这样的时刻，只能继续进攻，才能不让整个战役功亏一篑，遂否决了师长的提议。过了一会儿，三十九师师长仍然强调部队伤亡大，无法组织新的进攻。朱可夫立即撤换了师长，在自己的司令部里找了一个上校参谋，让他去当师长，并把预备队的炮兵给了这个师。这样，新任师长坚决果断地按照朱可夫的意图发起攻击，最终攻下了要点。

正是在朱可夫坚定、毫不退缩的指挥下，日军遭到了毁灭性打击，日军伤亡和被俘六万一千人，损失了六百多架飞机。最后，日军被迫向苏联求和。九月十六日，苏联跟日本签订了《停战协议》，结束了"诺门罕战役"。

朱可夫回到了莫斯科，斯大林亲自接见他，并且授予他"苏联英雄"的称号。朱可夫一生获得四次苏联英雄的称号，这是第一次。

卫国

希特勒在欧洲屡屡得手以后，他的魔掌伸向了莫斯科。一九四一年六月二十二日凌晨，德军从三个战略方向对苏联发动了闪电战。

为了彻底打败和毁灭苏联，消灭绝大部分的苏联人民，在入侵苏联之前，希特勒已经制订了囊括军事、经济、政治和意识形态手段的"巴巴洛萨"计划。

经过二十世纪三十年代的积累，在入侵苏联时，德国的经济实力已经十分雄厚，战争资源也空前丰富，德国几乎控制了整个欧洲的人力资源、原材料资源和工业设施，因此，在战争期间，德国的战争能力大幅度提升。经由在奥地利、比利时、法国和捷克斯洛伐克的军工厂，德国军队源源不断地获得了弹药和各种军需品。同时，西班牙、葡萄牙、土耳其和瑞典等中立国也给德国输送了大量的重要战略物资。而在入侵苏联前夕，德国及其占领国的钢铁、电力和煤炭的生产能力至少是苏联的两倍。

战争之初，与实力强大、装备优良且作战经验丰富的德军相比，苏联红军明显处于劣势。德军入侵部队在质量上要远远优于防御部队，它拥有一百九十个师，五百五十万人，近五千辆坦克、四万七千门火炮、四千五百架战机和将近二百艘战舰。与德军相比，苏军拥有一百七十个师，三百万军队，近一万四千辆坦克和一万多架战机。在武器装备的质量上，苏军与德军相去甚远。

一九四一年六月二十二日，德军的地面和空中攻势异常猛烈，给苏军致命性的打击。

一架又一架的苏军战机被逐出蓝天，无数的苏军飞行员在战斗中丧生。德国陆军元帅艾伯特·凯塞林后来回忆说，消灭他们简直像"杀死婴儿"一样容易。在开战后的几个星期乃至几个月里，苏联陷入了深重的灾难之中。鉴于德军在战争初期所占据的绝对优势，大多数英国和美国战争专家都一致认为，德军将像一把尖刀刺入黄油一样，迅速地突破苏联人的防线。德国入侵苏联的战争可能在几个月甚至几个星期内就结束。许多西方媒体认为，苏联将成为一个共产主义者尸横遍野的地方。

在苏军节节败退的情况下，朱可夫曾建议在叶利尼亚组织反击，以防德军以此为桥头堡进攻莫斯科。基辅失陷后，朱可夫以预备队方面军司令员的身份赴叶利尼亚前线指挥反击，成功地实施了卫国战争期间苏军的第一次进攻战役，重创德军的突击军团。这一胜利极大地鼓舞了苏联人民的斗志。

德军的进攻尽管势如破竹，但也付出了相当巨大的代价，他们被迫从战略预备部队调遣大量的部队和数百辆坦克前来补充。一些德国将军已经开始意识到，摆在他们面前的道路并不是一帆风顺的。德军装甲部队指挥官赫尔曼·霍斯上将在回顾一周以来的进攻情况后说："敌人强大的反攻将成为阻止我们前进的巨大障碍。"确实，在战争刚开始的几个月里，虽然苏军处处被动挨打，但他们进行了持续不断的顽强抵抗。与苏联相比，当希特勒攻占了波兰和其他几个欧洲国家后，法国在一九四〇年六月几乎没有进行任何抵抗就宣布投降了。

战争初期，在黑海战场上，菲利普·奥克加布里斯基海军上将指挥舰队使用防空炮火，击退了纳粹的空军编队。

一九四一年七月十日，战争双方展开了第一场大规模攻防战——斯摩棱斯克战役。在夏季第一阶段战争中，这次战役具有举足轻重的意义。德军发动此次战役，旨在通过强大的突击行动将苏军西方面军一分为二，包围斯摩棱斯克城内的红军主力，进而打开通往莫斯科的门户。在斯摩棱斯克城墙两侧，双方展开了激烈的攻防战。当年拿破仑企图入侵莫斯科时，这里也是法军所面临的一道几乎无法逾越的屏障。

后来，德军突破城墙后，激烈的战斗遍布了斯摩棱斯克的大街小巷。许多企图攻入莫斯科的德军被消灭在距离莫斯科三百公里开外的这座古老城市里。朱可夫的部队设法迟滞了德军的前进，虽然时间不长，但却为苏军战略预备队的集结和莫斯科周边防御工事的构筑赢得了宝贵时间。

此次战役极大地消耗并削弱了德军突击部队。在斯摩棱斯克战役中，德国共损失了二十五万名官兵。斯摩棱斯克战役，加上北方面军、西北方面军、波罗的海舰队和空军部队的配合和抵抗行动，极大地阻挠了德军"巴巴洛萨"计划的顺利实施。正是在斯摩棱斯克，希特勒的闪电战理论遭到自一九三九年入侵波兰以来的第一次严重挫折。

一九四一年九月，正当列宁格勒地区战事处于危急关头，朱可夫临危受命就任列宁格勒方面军司令员。在波罗的海舰队的配合下和列宁格勒人民的支持下，苏联将士们战胜了难以想象的困难，使敌人夺取列宁格勒的计划始终没有得逞。

一九四三年，德军的夏季新一轮进攻开始，希特勒提出了一个新的口号——"欧洲堡垒"。在此阶段，德军将坚守所有还未被苏军解放的地区。德军还制订了一个双重合围计划，计划通过使用大规模装甲集群，围歼集结在库尔斯克突出部的苏军。

根据一九四二年到一九四三年冬季战役后库尔斯克地区的形势，德国将军们制定了"堡垒"计划，目标直指库尔斯克突出部。德国将军们希望利用当时的形势，出其不意地向库尔斯克突出部发起钳形攻势。一旦取得预期胜利，德军将向莫斯科和列宁格勒推进。

同样的，苏军对德军的下一步行动几乎了如指掌。在一九四三年四月初，朱可夫开始参与制订一项反攻计划。苏联方面计划在七月发起库尔斯克反攻战。数以万计的苏联平民奋起保卫家园，构筑了大量牢不可破的防御工事和战壕。

据统计，在库尔斯克反攻战中，苏军战壕的总长度相当于从旧金山到华盛顿再到蒙特娄的距离，大约六千公里。苏军还组建了战略预备队。在关键的防御地段，红军的防御纵深达一百公里。最高统帅部还制订出详细的作战计划：首先，由两个方面军迎击来犯的德军并消耗其战斗力，随后再由五个方面军发动反攻。

朱可夫开始马不停蹄地奔波于各个关键防线之间，同时还频繁地进出莫斯科的最高统帅部总部。在三四月份，朱可夫视察了反攻部队几乎所有的集团军和其他编队。四月份，在红军的中央和沃罗涅日方面军的正面，德国人集结了大约十二个坦克师。鉴于这一实际情况，朱可夫认为，苏军必须作好在库尔斯克进行一场坦克大战的准备。

参与这次行动的所有苏联高级指挥官一致认为，苏军有必要对所有相关的敌军阵地进行全面彻底的侦察。一九四二年四月八日，朱可夫向斯大林呈送了一份即将开始的战役的分析报告。这是一份非常出色的报告，朱可夫在报告中提出了几个重要观点。朱可夫指出，由于德军在一九四二年的冬季战役中损失惨重，德国人不可能在一九四三年开春之前组织起强大的预备队，重新对高加索发起进攻，从而远距离包围莫斯科。

所以，在战役的第一阶段，敌人将尽最大力量集中兵力，其中包括十三到十五个坦克师，在大量空军的配合下，从东北部和东南部对库尔斯克实行合围。朱可夫建议，为了确保粉碎敌人的进攻，除了在中央和沃罗涅日方面军的正面加强反坦克的防御力量以外，必须从其他地区抽调三十个反坦克炮团，作为预备队。

朱可夫还认为，苏军没有必要发动预防性进攻，应该通过防御作战消耗敌人的力量，打掉敌人的坦克。此后，再投入新锐预备队，转入全线进攻，彻底粉碎敌人的主要集团军。朱可夫的预测与德军最高统帅部的意图简直是不谋而合。

一些历史学家将历时六十天的库尔斯克战役称为"德国法西斯的滑铁卢"。历史学家尼古拉·雅科夫列夫指出，在伟大的库尔斯克战役之前，希特勒和他的将军们利令智昏，错误地认为自己拥有世界上最先进的武器。他们倾巢出动，把最强大、最先进的武器全部投入到了库尔斯克战场。至一九四三年七月初，希特勒在库尔斯克地区共部署了九十余万兵力，一万余门加农炮和迫击炮，二千七百辆坦克和突击炮，约二千架飞机。

对于苏联人而言，这场战役的胜利是他们在整个卫国战争中取得的最重要的胜利之一。德军坦克集群在库尔斯克战役中的彻底失败深受世人关注。七月十二日，发生在普罗科罗夫卡的坦克大战共卷入一千余辆坦克和装甲战车。这场战斗是战争史上规模最大的坦克大战。

第一天，德军损失了三百多辆坦克和一万多人。与此同时，双方空军展开激烈的空中决战。苏军飞行员伊万·阔日杜布创下了一天之内击落十余架敌机的战绩。库尔斯克战役是希特勒在这场战争中遭受的最惨重失败之一，从此，德军一蹶不振。这次失败使得纳粹德国难以逃脱覆灭的命运。

鉴于苏联取得的斯大林格勒和库尔斯克战役的全面胜利，一九四三年底，美国总统罗斯福和英国首相丘吉尔同意在德黑兰举行三国高层峰会。

驱敌

白俄罗斯战役打响后，法西斯德国的军队使七千所学校变成了废墟，他们烧毁了一百二十万座房屋，杀害了二百二十万平民。在白俄罗斯共和国的维捷布斯克城，平民死亡率甚至高达三分之一。此外，法西斯占领军还将九千个村庄夷为平地。在整个第二次世界大战期间，白俄罗斯所遭受的破坏程度比欧洲其他任何地方都要惨重。

一九四四年五月中旬，苏军总参谋部制订出"巴格拉季昂"作战计划草案。五月二十日，斯大林召见了朱可夫、华西列夫斯基和总参谋长安东诺夫，以确定最高统帅部关于夏季战役计划的实施方案。在苏联的作战计划中，他们将首先在卡雷利亚一带发起进攻，在六月下半月，在白俄罗斯展开进攻。朱可夫和华西列夫斯基奉命协调各方面军的作战行动。朱可夫负责的是白俄罗斯第一方面军和第二方面军。

七月，德军的主要作战部队全部部署在了苏德前线。朱可夫带领的部队面对的是将近一百八十个满编师和五个旅的强大德军，还有纳粹的仆从国意大利、罗马尼亚、匈牙利和芬兰的四十九个师和十二个旅，总兵力共四百五十万人，五万九千门火炮和迫击炮，七千八百辆坦克和突击炮以及七千二百架飞机。

而根据苏联总参谋部的估算，参加"巴格拉季昂"战役的部队大约需要四十万吨弹药、三十万吨燃油和润滑油以及五十多万吨粮食；此外，需要将五个多兵种合成集团军、两个坦克集团军、一个空军集团军和波兰第一集团军集中到预定地域。同时，苏联最高统帅部还从自己的预备队中抽出部分兵力配属给各部队。

朱可夫提出，在进行这些工作时，必须特别谨慎，避免被敌人察觉。因为当时德军最高统帅部预计苏联的夏季攻势首先进攻的地方是乌克兰，而不是白俄罗斯。苏联人不可能将部署在乌克兰的四个坦克集团军调到白俄罗斯，他们的坦克部队也无法在白俄罗斯发挥它们的最大优势。

六月五日，朱可夫到达白俄罗斯第一方面军指挥部，在那里和第一方面军司令员罗科索夫斯基、军事委员布尔加宁和参谋长马里宁详细讨论了战争的有关准备情况，然后重点讨论了各集团军侧翼的情况。他们对战区地形进行了仔细研究，对敌人防御体系进行了细致的侦察，还考察了部队、各级司令部和后勤保障部门为战役所作的准备情况。

由于充分的准备，苏军出其不意地大规模出击，打得德军措手不及。这场大规模的战役结束时，德军在整个东线战场的伤亡几乎达到了最初兵力的三分之一，这使得希特勒的兵员短缺问题再也无法经由战争总动员得到补充。

此战之后，朱可夫率领部队以风卷残云之势扫荡德军，向前挺进，收复国土。他们的速度之快使苏联新闻局根本无法及时准确地报导部队的情况，有一次只好笼统地报道说：今天解放了二百四十个地方。为庆祝他们的胜利，莫斯科每天傍晚都要鸣放十二响到二十响礼炮。

一九四五年一月十二日，苏联红军对德国发起了最后阶段的庞大攻势，战场很快转移到德国境内。在进攻波兰期间，苏军发现了纳粹修建的世界上最大的"死亡集中营"——奥斯维辛集中营。在集中营的仓库里，苏军发现了重达七千公斤的头发，大量的器皿，成堆的小孩鞋子、婴儿内衣和玩具。头发是从十四万名被害妇女头上剪下来的，器皿里装的是死难者的骨灰，成堆的玩具则是被杀害的孩子们的所有物。

苏联红军以摧枯拉朽之势向德军大本营进攻，最终攻克柏林。一九四五年五月八日，在柏林，朱可夫代表苏联最高统帅部接受了法西斯德国武装部队的投降，向全世界宣告了这场人类历史上最残酷的战争的结束。

血胆将军
——巴顿

在卢森堡的哈姆公墓，他和他的六千名部下埋在一起。他的坟墓前那个朴素的十字架上，镌刻着这样几行字：乔治·巴顿，第三集团军司令，军号〇二六〇五。

在第二次世界大战中，美国的巴顿将军是一位充满传奇色彩的人物。他的一生都在为成为一位伟大的将军而努力，而他确实就是一位伟大的将领。他的一生又因为呈现出十分鲜明的个人性格特点，故而引起世人的不同评论。

盟军司令，巴顿的上司，美国的艾森豪威尔将军曾说："在巴顿面前，没有不可克服的困难和不可逾越的障碍，他简直就像古代神话中的'大力神'，从来不会被战争的重负所打倒。"夏威夷军区司令史密斯给巴顿的评语称："此人在战争时期会成为无价之宝，但在和平时期却是捣乱分子。"

有的人赞美他，认为他是"一位统率大军的天才和最具进攻精神的先锋官"和"二十世纪的拿破仑"；有的人对他不以为然，说他是"勇猛有余、智谋不足"、"骄傲自大、华而不实"。这就是巴顿，他总能吸引人们的眼光。这就是巴顿，个性鲜明，才华横溢，集万千宠爱、多般指责于一身。可是，人们不能不承认，这位热血男儿，是当之无愧的血胆将军，他是名副其实的美国战神。

第一剑客

一八八五年十一月十一日，乔治·巴顿出生于美国加州的一个军人世家。十八岁的时候，巴顿进入私立弗吉尼亚军事学院就读，一年后，他被保送到西点军校就读。

在入学不久，巴顿就受到严峻的考验。原来，巴顿只看重军事科目，尤其偏爱队列训练和战术理论。战术系的老师们对巴顿在战术理论方面的独到见解十分赞赏，认为他具有超凡的军事天赋和才智，是全系最杰出的人才。但是，巴顿的数学成绩为全班倒数第一。为此，在第一学年结束时，校方决定让巴顿留级。

巴顿不是一个轻言放弃的人，在暑假里，他跟随家庭教师好好温习功课。到二年级的时候，巴顿开始在各个方面崭露头角。二年级学年末，巴顿被任命为年级的第二下士学员，负责带领一年级的一个连队。他对新学员严格要求，但是，他更严于律己，以良好的自身形象为他们做出表率。

在西点军校，高大的巴顿，端庄的举止，合体的军装和整洁的内务，从外表到内涵，他都是一个标准的军人。这些，无不让人们对他赞赏有加。四年级时，巴顿被任命为学员副官。学员副官是全体学员的首领，必须是品学兼优的佼佼者才有资格担当。

一九〇九年，巴顿从学校毕业，各门课程都取得不错的成绩，而且是步枪、手枪的特级射手，剑术和骑术也绝对一流。

一九〇九年六月，巴顿告别培育了自己的母校，来到伊利诺伊州芝加哥附近的谢里登堡，在美国第一集团军骑兵部队的"骁骑队"任骑兵少尉。

一九一一年十二月，巴顿被调到了首都华盛顿附近弗吉尼亚州的迈尔堡，做了陆军参谋长伍德将军的随从副官。一九一二年的奥林匹克夏季运动会，为巴顿提供了出人头地的机遇。这一届奥运会竞赛项目中增加了一个名叫"现代五项全能运动"的军事项目，比赛的主要内容是——一名军人携带文件：一、骑在马背上，遇到了敌人；二、举起手枪射击；三、拿起剑刺向敌人；四、游过一条河流；五、越野跑步抵达终点。

作为军校的优秀毕业生，巴顿以他健壮的体魄和出色的体育技能被选拔到美国陆军代表队。这些项目其实都是巴顿的拿手好戏。果然，在剑术较量中，巴顿的剑术成绩最好，是所有参赛选手中唯一击败过上届法国冠军的选手。在四千米越野赛中，由于精疲力竭，巴顿晕倒在皇家包厢前的终点线。他的坚韧顽强的拼搏精神赢得了在场所有观众的喝彩。

在四十三名参赛者中，巴顿获得了第五名的好成绩，是美国代表队军官中表现最为出色的一个。回到美国，巴顿受到英雄般的礼遇。

回国后，巴顿沉迷剑术，他很快因为对改进骑兵马刀的过人见解在美国军界中崭露头角。在此之前，美国骑兵使用的是弧形的弯刀，只能用刀刃砍杀敌人；法国骑兵使用的是直剑，可以在马上直接刺向敌人。巴顿认为，刺杀能够更快捷地贴近敌人，更有效地实施进攻行动，这显现了强烈的进攻意识，因此，法国骑兵具有更高的效用。巴顿将自己的研究成果整理成一篇学术论文，将文章投寄给权威的军事学术杂志《陆海军杂志》，建议将美军骑兵现行的弯刀改为法国式的直剑。

论文很快发表，巴顿的建议引起了军方高层的广泛关注。陆军部长史汀生决定采纳巴顿的建议。他下达命令，要求依照巴顿设计的样式，生产两万把军刀，装备骑兵部队。巴顿奉命前往斯普林费尔德兵工厂监制验收。此后，美军骑兵部队官兵使用的就是大名鼎鼎的"巴顿剑"。

此后，巴顿被公认为美国陆军的第一号剑术专家，并第一个获得"剑术大师"的荣誉称号。

装甲兵之父

一九一三年十月，巴顿被送到堪萨斯州赖利堡骑兵兵种学校学习，同时兼任剑术教官。

一九一五年六月，巴顿毕业以后，申请调到由约翰·潘兴统帅的得克萨斯州布利斯堡的第八骑兵团。第八骑兵团驻地与墨西哥接壤，是两国军事冲突的焦点地区。

一九一六年五月，巴顿跟随约翰·潘兴将军指挥的远征军参加了一次镇压墨西哥农民起义军的作战。巴顿表现很勇敢。此后，他做了将军的副官。潘兴将军是美国非常有名气的一位将军，在军队中，他有一个非常响亮的外号，叫"恐怖的杰克"。潘兴之所以有这样一个外号，是因为潘兴非常讲究军容风纪，他甚至不能允许部下的皮鞋有一点点灰尘，从而影响整体的清洁。在对墨西哥的武装干涉中，潘兴带领部队急行军，在到达目的地之后，官兵们都很累，顾不得整理军容，就休息去了。潘兴去巡视军营，看到这种情况，非常生气，命令大家立即起来擦皮鞋。这时候，他看见了年轻的巴顿，巴顿的皮鞋非常干净。潘兴让大

血胆将军——巴顿

家照着巴顿的标准做。因为此事，潘兴对巴顿印象很好，非常喜欢巴顿。在后来的战斗中，潘兴发现，巴顿是一个很聪明、很有干劲、很能吃苦的年轻人，潘兴将军很赏识巴顿，称赞他："是一个真正的斗士！"

一九一四年，第一次世界大战爆发了。在美国参战之前，交战双方陷入僵持的局面。德军设置了三道碉堡林立、战壕交错、铁丝网密布的防线，英、法联军在这样的防线面前，一筹莫展，进攻屡遭惨败。当时，英国一位名叫欧内斯特·史文顿的战地记者，建议制造一种"能够自行推进的车辆，它有装甲，能够跨越战壕，既不怕机枪的袭击，又能进攻敌人阵地"。很多人认为他的想法是异想天开，但海军大臣丘吉尔对这一想法却很感兴趣，他立即组织了一个"陆上之舟委员会"来进行武器试验。武器专家们根据史文顿的建议，把一种拖拉机改装成战车，这就是坦克。

一九一六年九月十五日，在索姆河战役中，坦克作为新式武器，第一次出现在世人面前，威力巨大，初战告捷。当天，在伤亡很小的情况下，英军推进了五公里。首战告捷以后，坦克声名大震，各个国家纷纷仿效，想要建立装甲部队。

一九一七年四月，美国加入英、法协约国，对德宣战。潘兴将军受命担任"美国远征军"司令，率领军队赶赴法国，协同英、法联军作战。潘兴见识了坦克的巨大威力以后，也考虑建立一支坦克部队。他把这个任务交给了敢闯敢拼的巴顿，要他组建一支坦克部队。一九一七年十一月九日，一纸任命把巴顿送到了美军第一支坦克部队。

巴顿此时的任务是在马恩河上游的朗格勤附近，建立一所坦克训练中心，组建一个坦克营。当时美国国内没有一辆坦克，巴顿必须从零开始。他没有专业知识，没有训练经验，为此，巴顿先到法国的贡比涅坦克兵培训中心学习坦克的基础知识和驾驶技术。巴顿还特意去拜访了康布雷附近的英军坦克兵，向那里的官兵请教坦克作战经验。

第一批美国参训人员来到训练基地以后，巴顿一面对他们进行作风纪律训练，一面等待着法国答应捐助的训练坦克快点到来。一九一八年三月下旬的一个晚上，法国捐助的二十二辆坦克终于运到美军的训练基地。在所有的美国军人中，只有巴顿一人会驾驶坦克，他不得不一个人把坦克一辆又一辆地开回营地。

坦克到位以后，巴顿开始以全部热情和精力投入训练工作。他制订了详细的训练计划，亲自授课，向学员讲授坦克的构造、性能及驾驶和技术修理等方面的知识。

巴顿认为，纪律和军容，是一名真正的军人的重要素质，也是一支部队凝聚力战斗力之所在。他性格暴烈，要求又很高，在训练坦克部队的时候，他以远征军中"最残酷的、军纪森严的教官"而声名远播。他对下级极其严格，甚至会粗鲁地责骂他们，但是，另一方面，巴顿又赏罚分明、办事公正。除此之外，他处处为官兵做出表率。在后来的第二次世界大战中，仪表军容竟成了他的名字的同义语。

一九一八年八月，巴顿终于成功地组建了一个粗具规模的坦克旅，下辖两个营、三个连，还设有一个直属旅部的修理救护连。巴顿任旅长，坦克旅共有五十名军官、九百名士兵和二十五辆坦克。巴顿的坦克旅，被公认为美国远征军中最厉害的部队。

巴顿生性喜爱打仗，渴望战斗。他日夜盼望率领他的铁骑驰骋沙场、冲锋陷阵。后来，机会终于降临。协约国盟军最高统帅费迪南·福煦将军计划对德军发动一次大规模的进攻。进攻之前，需要扫除圣米耶尔城防守部队的德国人，福煦将军将这一任务交给了美国远征军第一集团军。而司令部赋予巴顿的任务是：指挥第五军的坦克，共计一百四十四辆坦克，支持从南面发起进攻的主力部队。

巴顿认为，指挥员亲临第一线，不但可以激励官兵的士气和斗志，而且能随时依据变化的情况组织战斗，所以，他带领一名中尉和四名机械师尾随部队前进。

第二天，战斗已经结束，巴顿却率领坦克孤身深入敌阵，捣毁了敌军一个炮连阵地，而后得意洋洋地返回。巴顿的上司罗肯巴克将军对他这种擅作主张、胆大妄为的行动十分愤怒，他狠狠地臭骂了巴顿一顿，并威胁要将他送回国内，永远只能当一名上尉。巴顿保证以后不再重犯。

第一次世界大战结束了。在这次大战中，巴顿被授予"优异服务十字勋章"和"优异服务勋章"。嘉奖令上写着："由于他的积极肯干和正确判断，他在朗格勤军校组织和领导坦克中心的工作中做出了很有价值的贡献。他在战斗中对坦克部队的使用表现出高超的军事才干和热忱，在这种对美军来说还是较为生疏的作战方式中，表现出显著的适应性。"确实，巴顿是美军第一坦克手、第一流的坦克专家，为美军建立了一个新兵种，发明了一种新的战法。他是美国的装甲兵之父。

一九一九年五月，巴顿带着他的坦克部队回到离开了两年的美国。

重建装甲兵

第一次世界大战期间，生灵涂炭，经济倒退，因此，在欧美国家，人们都痛恨战争，美国更是如此。

巴顿和他的坦克部队回国的时候，正值和平主义思想在全国蔓延的时期。国会最后确认，美国需要的是一支规模最小、费用最低和最不显眼的军队。一九二〇年六月，美国国会通过了《国防法案》，规定陆军编制为二十八万人。陆军部命令将坦克分散到步兵里去，以连为单位配属于步兵师。坦克部队全年的所有经费只有五万美元，巴顿也重返骑兵部队。

一直到第二次世界大战爆发之前，巴顿被频繁地调职，并被送入骑兵学校、指挥参谋学校和陆军大学学习。

二十世纪三十年代，第二次世界大战爆发。在新的一轮世界大战中，纳粹首领希特勒充分利用飞机、坦克，发挥新式武器的机动性和强大火力，采取"闪电"战术，在短短的时间内，横扫欧洲。所到之处，攻无不克，战无不胜，其来势之汹汹，令世人目瞪口呆。

一直奉行中立政策的美国最终还是被卷入了战争。当时的美国陆军参谋长马歇尔将军基于对新武器和新战法的认识，向罗斯福总统建议，要求组建装甲部队，得到了总统的全力支持。

一九四〇年七月十日，经过充分的准备，马歇尔将军正式签署了组建装甲军的命令，决定组建美国陆军第一装甲军，下辖两个装甲师，亚德纳·查菲将军被任命为装甲军司令。不久，美国的装甲军之父巴顿奉命担任装甲旅旅长，到本宁堡参加装甲部队的重建工作。此时，巴顿已经五十五岁。

巴顿来到本宁堡之后，看到的却是让人心灰意冷的景象：由于缺乏足够的资金，这里的三百二十三辆旧坦克全部被严重锈蚀，二千多辆战车也是残破不堪的。因为裁军，巴顿的老部下早已退伍，如今的坦克部队有的只是几千名没有什么军事素质的新兵。《纽约时报》把坦克部队的新兵称作"一群身着卡其军装，组织涣散的乌合之众"。

一切又得从零开始。当时美国的坦克零件大部分是从一家叫西尔斯·罗巴克公司订购，要想买坦克零件，就得层层批示，处处要盖章签字，十分费时间。于是，巴顿从自己的腰包掏出一大笔资金，到西尔斯·罗巴克公司订货，将全旅三百二十三辆坦克和数百辆机动车的零件购齐，经过一番维修，使它们重新动弹起来。

巴顿雷厉风行，很快就把人员和装备组合起来，编成了三个旅。此后，让人头痛的就是如何训练那些没有什么军事素质可言的新兵了。第一次世界大战战场上最严格的教官巴顿采取的措施依然是：严格、表率、激励。巴顿还特别强调军人"勇敢和机智"的作风。新闻记者为此发表了一篇有关巴顿的名为《热血豪胆的老头》的文章，"血胆将军"的美名开始传遍大街小巷。巴顿本人办事公正，以身作则，他的士兵都亲切地称他为"我们的老头"。

一九四〇年十二月，巴顿率领他的装甲部队，进行了一次长途行军，从乔治亚州的哥伦布出发，开往佛罗里达州的巴拉马城。此时的装甲部队，早已是一支威武雄壮的钢铁大军了。巴顿和他的坦克部队出尽了风头。

一九四一年六月，美国举行当时美军历史上最大规模的一次演习，上千个野战军参加了会战。在巴顿的卓越指挥下，坦克部队表现优异，他们甚至俘获了德拉姆中将。

前来观战的马歇尔将军十分高兴，他坚信，这支从无到有、从弱到强的坦克装甲部队一定会成为"沙漠之狐"隆美尔将军的克星。不久，巴顿荣升为第一装甲军军长。

英勇的"罗伯特"

　　从一九四一年开始，同盟国之间围绕开辟第二次世界大战战场的问题，一直争论不休。

　　在经过多方谈判、讨价还价之后，一九四二年七月二十四日，美国陆军参谋长马歇尔和英国陆军参谋长布鲁克经过商量，达成一致意见，决定推出一个"火炬"作战计划，即在当年的十月三十日以前，在北非发动一次大规模的进攻。美国的艾森豪威尔将军成为此次行动的盟军总司令，巴顿则担当渡海作战美军特遣部队的指挥官。

　　美、英双方把"火炬"计划的登陆地点选定在北非的法属阿尔及利亚及摩洛哥，并决定兵分三路：巴顿率领由美军组成的西线特遣部队，直接从美国本土出发，横渡大西洋，在摩洛哥的卡萨布兰卡地区登陆；中线特遣部队是由劳德·弗雷登道尔少将指挥的美国第二军，任务是进攻奥兰；东线特遣部队主要是美军第三十四师师长查尔期·赖德少将指挥的由英军组成的军队，任务是进攻阿尔及尔。最后，"火炬"计划开始的具体时间推迟到十一月八日。

　　巴顿西线特遣部队的任务是：十一月八日凌晨四时，他率领的部队将要在摩洛哥长达二百四十英里的海岸上三个要害地点登陆——南面的萨菲、北面的利奥特港和中间的费达拉。登陆后攻占卡萨布兰卡港及其附近的飞机场，要尽快把摩洛哥拿下来。由于法国已经投降德国，摩洛哥的法军也听从德军的调配。盟军希望巴顿尽可能做到不流血，如有必要，就用武力征服。此后，同中线部队相配合，建立和保持两线之间的通信联络，建立足以控制整个摩洛哥的军事力量。这次行动中，巴顿的代号是"罗伯特"。

一九四二年十一月七日，傍晚时分。摩洛哥的人们从无线电广播里，不断收听到一句重复的暗语："罗伯特到来！""罗伯特来了！"……

第二天，巴顿率领的庞大的美国舰队渐渐靠近摩洛哥的海岸线，特遣部队进入战斗前的紧张准备。按照预定计划，登陆部队兵分三路，分别从卡萨布兰卡附近的萨菲、利奥特港和费达拉登陆。费达拉登陆是"火炬"计划的重点。费达拉距卡萨布兰卡以北十五英里，该城的港口是摩洛哥在大西洋沿岸唯一设备良好的港口。第三师的任务是在费达拉港附近登陆并建立滩头阵地，然后向南进攻卡萨布兰卡。因此，巴顿亲自掌握由第三师、第二装甲师、第六十七装甲团第一营以及从十二艘运输舰上登陆的特种部队共一万九千八百七十名官兵组成的中央突击队进攻费达拉地区。

不过，法军在这里的兵力部署森严，密集的岸炮和野炮群扼守着重要的海滩地带，美军选择的四个滩头都已经被火力封锁。在地面，法军有数千人，海面上还有一支较大的法国舰队助阵，形势对美军十分不利。

凌晨一时，美军舰队抵达费达拉海面，法军立即用重机枪和大炮封锁任何可能的登陆地点。为了掩护大部队顺利登陆，美军休伊特海军少将命令舰炮一齐开火。舰载飞机也一批一批地飞临卡萨布兰卡上空，实施轰炸和扫射，不久就完全控制了这一地区的制空权。

六时左右，美军冒着炮火抢占了登陆点瓦迪内夫克小三角湾。八时，巴顿决定全线登陆。他的登陆艇正在吊架上，准备下水。这时，七艘法国军舰从卡萨布兰卡港冲了出来，猛烈的炮火朝美舰和登陆艇射来。巴顿的登陆计划被搁浅，海滩上的美军一片混乱。

面对这种状况，巴顿立刻命令登陆艇停止行动，转至费达拉港口登陆。他指示各级指挥官立即按原定计划行动，找到自己的位置，要求士兵们听从指挥。很快，海滩上的混乱局面得到有效的控制。傍晚，美军到达了预定地点，但火炮和重型装备大部分没有运上岸，弹药和食品的供给十分困难。车辆和通信设备也供应不上。

在当初拟订"火炬"计划的时候，艾森豪威尔告诉巴顿，如果其他方法不能获得成功，可以采取从空中轰炸和从海上炮击的方式，威胁卡萨布兰卡投降。但艾森豪威尔又规定，巴顿在采取这一行动之前必须向他请示，并得到他的明确同意。

此时，巴顿决定来个先斩后奏，对卡萨布兰卡发起全面进攻，迫使它投降。于是，巴顿果断地下达命令，要求休伊特海军少将在"奥古斯塔号"军舰上作好炮火准备；欧内斯特·麦克沃特将军在"突击队员号"航空母舰上准备出动他的飞机施行轰炸；安德森则作好地面进攻准备。同时，他命令第三师的先锋队伍迂回到卡萨布兰卡的东南角，作好战前侦察和突击准备。

安排妥当以后，巴顿决定，十一月十一日上午七时三十分对卡萨布兰卡发动进攻。

六时二十五分，离巴顿规定发起总攻的时间只有一小时零五分钟了。美军诺斯塔德上校的 P-40 型飞机开始飞向卡萨布兰卡的轰炸目标。休伊特的掩护舰队也纷纷抬起黑色的炮口，待命发射。从"突击队员号"航空母舰上起飞的飞机已经到达城市上空，在那里不断盘旋。

在美军强大的武力震慑之下，六时四十五分，法军正式宣布投降，令不愿武装征服摩洛哥的巴顿松了一口气。于是，巴顿成了摩洛哥王国的征服者。

血战突尼西亚

一九四三年一月中旬，罗斯福和丘吉尔在卡萨布兰卡召开了重要会议。会议确定了新的作战方针，决定发动代号为"赫斯基"的战役，重点进攻意大利的西西里岛，并继续任命艾森豪威尔为盟军总司令。

会后，盟军司令部做出决定：首先征服突尼西亚，再联合进攻西西里。美军方决定，由巴顿指挥第七集团军参战。

最初，突尼西亚战役是由英军的肯尼思·安德森少将指挥的，他带领英国第一集团军，包括美国劳埃德·弗雷登道尔少将的第二军作战。

然而，希特勒计划发动一场反攻，要把盟军赶出突尼西亚，并以此为基础，把他们统统撵出新近在法属北非所夺取的据点。为此，德军第十装甲师偷偷地开到了突尼西亚，而大名鼎鼎的"沙漠之狐"隆美尔率领他的"非洲军团"也来到了突尼西亚。隆美尔把主要攻击方向指向突尼西亚的加夫萨。可是，艾森豪威尔的情报部长莫克勒·费里曼将军却认为隆美尔将经过北面猛袭皮雄。盟军根据这个错误的情报作了相应的部署。结果，一月三十日，德军从法伊德进攻，美军第二军遭到重创。二月十四日，德军快速进攻卡塞林山口，美军伤亡三千多人，被俘三千七百多人，损失坦克二百多辆。

二月十九日，盟军地面部队司令、英国的亚历山大将军视察前线。他认为美军的战斗素质很差，第二军军长弗雷登道尔不是隆美尔的对手。他向艾森豪威尔建议，选派美军最优秀的将军，替换弗雷登道尔将军。

二月底，巴顿派遣哈蒙少将带领第二装甲师来到突尼西亚，帮助第一装甲师重新夺回了卡塞林山口。哈蒙完成任务以后，到艾森豪威尔那里汇报情况。他力主应该派巴顿去突尼西亚。艾森豪威尔采纳了他的意见，召见巴顿，让他去接管美军第二军。

巴顿前去突尼西亚的任务是支持蒙哥马利的第八集团军通过马雷斯防线，尽可能地牵制德军兵力，夺取加夫萨，以作为蒙哥马利部队的前方补给基地。

巴顿迅即动身到了前线。亚历山大把军事进攻的时间定在三月十七日。美军第二军官兵作风松散、精神疲软、士气不振，巴顿的首要任务是利用间隙时间整顿部队，提高士气，增强战斗力。

对此，巴顿规定了一个又一个不近人情的做法和要求。他乘坐吉普车不停地颠簸于各营区之间，向官兵们灌输"仇视德国鬼子的情绪"，同时认真整顿军容风纪。巴顿严厉的管理方法很快取得奇效。官兵们由最初的怕他、恨他，逐渐变为尊敬他、爱护他。部队进入了他所说的"战斗竞技状态"。

三月十七日早晨，第二军展开进攻。主攻部队兵分两路：由特里·艾伦将军率第一步兵师进攻加夫萨，若顺利，继续攻占埃尔盖塔，为蒙哥马利建立一个燃料库；由奥兰多·沃德率第一装甲师通过卡塞林山口，进攻埃尔盖塔东北的德塞内德地区，再向梅克纳西推进。巴顿亲自随同第一步兵师前进，实施战地指挥。

第二军的进展十分顺利，第一步兵师前进了四十五英里，占领了加夫萨。第二天，第一步兵师很快占领埃尔盖塔。两天的胜利令美军士气大振，美国新闻界大肆宣传，巴顿再次成为了不起的英雄。

三月二十二日，沃德的坦克部队占领了马克纳塞，接着却被同时到达的德军第十装甲师阻击在内米亚山前。二十三日早晨六时，第二步兵师遭到了德军第十装甲师的袭击。第十装甲师是德军最强悍的装甲部队之一，曾在卡塞林山口战役中重创美军。不过，他们的进攻遭到第二军的顽强抗击。上午战斗结束时，美军损失了六门一二五厘米的大炮、六门一〇五厘米的大炮、二十四门半履带式反坦克炮。德军也没占到什么便宜，损失了三十辆坦克。

下午，德军再次发动猛攻，但被美军炮火和空军轰炸阻击，无功而返。不过，巴顿的成绩已经相当令人满意，在蒙哥马利发动正面重点进攻的关键时刻，巴顿将敌人的精锐部队——德国第十装甲师和一个意大利师吸引到北线来，大幅度减轻了蒙哥马利攻克马雷斯防线的压力。

四月六日，巴顿接到命令，要"不惜一切代价"夺取三九六高地。巴顿并不喜欢亚历山大将军那种牺牲美军以为英军胜利铺路的做法，但为了顾全大局，他接受了命令。

于是，巴顿从第一装甲师中抽出精锐人员，组成特遣队，再次发动猛攻。战争打得很残酷，巴顿不顾个人安危，亲临前线指挥。当部队被德军的地雷区挡住前进的道路的时候，巴顿亲自驾驶吉普车在前面开路，穿过雷区。在巴顿的率领下，特遣队很快和蒙哥马利第八集团军的先头部队会合。经过二十二天的血战，埃尔盖塔战役以美军的胜利告终。

埃尔盖塔战役的胜利，迫使德军不得不将其精锐的第二装甲师调离马雷斯防线，因而大大帮助了蒙哥马利对阿卡里特河阵地展开正面突击。突尼西亚战役最终以同盟国的胜利告终。

再战西西里

英、美两国决定，北非战争结束后，立即进攻西西里，迫使意大利退出战争，以牵制德军，减轻其对苏联的压力，为未来在欧洲实施"围歼"计划准备和锻炼队伍。

西西里岛位于意大利南部的地中海，与意大利本土隔着狭窄的墨西拿海峡，最窄的地方只有两英里半。西西里岛的战略位置十分重要。突尼西亚失守以后，意大利失去了西南部的重要屏障，西西里岛的战略地位更加突出，因此意大利快速增强了岛上的守卫力量。

一九四三年四月十六日，巴顿从突尼西亚前线回到阿尔及尔的拉巴特，被任命为第七集团军司令，担当即将攻占西西里岛的大任。参加西西里战役的各部队都规定了代号，巴顿新建的第七集团军为"三四三队"，其所属第二军称"快速"部队。

七月二日，盟军开始出动大批飞机，对西西里岛机场进行猛烈的轮番轰炸，取得了制空权。七月五日，巴顿的部队负责运送将由休伊特指挥的三支舰队，三支运送的舰队代号分别为"菩萨"、"角币"、"分币"。"菩萨"运送特拉斯科特将军的第三加

血胆将军——巴顿

175

强师到利卡塔，"角币"运送艾伦将军的步兵第一师到杰拉以及南面的三个登陆点，"分币"运送特罗伊·米德尔顿少将的步兵第四十五师到考格利蒂北面和南面的五个登陆点。巴顿随第一师去杰拉。

一九四三年七月十日凌晨二时四十五分，西西里战役开始。巴顿的部队顺利登陆，控制了海岸线，占领了重要的交通枢纽和机场。在第七集团军战区，意大利军队不是缴械投降，就是穿过沿海平地向后面的丘陵地带溃退。

意大利的古佐尼将军是一员沙场老将，对形势作了冷静的分析以后，他认为杰拉方面的美军威胁最大。他命令守在尼斯切米和卡尔塔吉罗内的坦克部队和德国装甲部队向杰拉登陆的盟军发起反击，欲趁他们立足未稳、武器尚没运到之际，将其赶下海去。

古佐尼将军决定集中兵力夺回杰拉，他将第十五装甲团、一个摩托化步兵师和亚西埃塔步兵师东调，并催促德军戈林装甲师与意军协同作战，以阻遏盟军主要突击方向的进攻。他们攻势凶猛，曾一度摧毁了美军的前哨阵地。

第二天，意大利在距离美军第一师阵地只有几英里的地方集中了一百辆中型和重型坦克，由戈林装甲师和利沃诺师分别从东西和西北两个方向对美军进行夹击。意大利的俯冲轰炸机也向杰拉登陆地区海上集结的美军船只发起攻击。与此同时，德军戈林装甲师兵分两路，直向杰拉扑来。第一师官兵拼死守卫阵地，形势变得越来越严峻。

在此危急时刻，巴顿登陆，亲自指挥作战。敌人的利沃诺师和戈林师向杰拉猛烈攻击，达比突击队与第一师的联系已被他们切断，第十八步兵团的防线被康拉特左战斗群的四十辆坦克突破，在尼斯切米公路上，第十六步兵团似乎也被打散。巴顿通过无线电与海军和空军取得了联系，他要求海军用舰炮迅速向德军轰击，要求空军给予空中支持，并催促炮兵部队火速增援杰拉战场。根据巴顿指示的目标，海军"博伊斯号"巡洋舰上的火炮击毁了康拉特的一批坦克。就这样，巴顿和他的军队度过了最危急的时刻，杰拉的滩头阵地守住了。

七月十二日，第七集团军继续稳步推进，在以后的三天时间里，陆续攻占了科米索、比斯卡和蓬蒂·奥立佛三个机场，并抢先占领了蒙哥马利第八集团军预定攻占的目标。

此后，英军进攻严重受阻，亚历山大只能把希望寄托在巴顿的身上了。巴顿认为，东路美军的作用已经由助攻转变为主攻，攻击的目标应该改为巴勒莫。亚历山大同意了巴顿的请求，巴顿立即迅速行动起来。他把特拉斯科特的第三师、李奇·维的第八十二师和加菲的第二装甲师组成了一个暂编军，由凯斯将军指挥，对巴勒莫实施猛烈的攻击。

七月十九日，巴顿下令快速挺进，务必在五天之内拿下巴勒莫。暂编军各部立即以雷霆之势向前推进。

二十一日，达比指挥的特遣队占领了卡斯特尔维特拉诺。

二十二日，达比的特遣队沿海岸线挥师西进。第二装甲师也投入了行动，向东北迅速推进到巴勒莫郊外。与此同时，特拉斯科特的第三师以每小时三英里的速度强行军，从科列奥奈赶到东南的阵地。暂编军闪电般的速度，使他们出人意料地抵达巴勒莫，城内守军惊慌失措，根本无法组织任何有效的抵抗，投降成了唯一的出路。

当晚十点，该城守军向凯斯将军投降。美军在四天时间里推进二百英里，仅伤亡三百余人。巴勒莫作战结束后，美军俘获四万四千敌军，击落敌机一百九十架，缴获大炮六十七门。

巴勒莫作战的胜利在国际上产生了巨大的反响，鼓舞了同盟国的士气，并迫使墨索里尼于七月二十五日辞职。这对世界反法西斯战争取得胜利影响巨大。

此后，巴顿带领军队加入欧洲大陆战场，不断向前挺进，立下了无数的汗马功劳。